どんな問題も解決する

すごい質問

千田琢哉

SOGO HOREI PUBLISHING CO., LTD

Prologue

鋭い質問をする人より、感じのいい質問をする人が成功する。

ここ最近、鋭い質問をしたつもりになって悦《えつ》に入る人が急増中だ。

ロジカルシンキングが流行《はや》って久しいし、巷《ちまた》にはありとあらゆるジャンク情報が溢《あふ》れ返っている。

それらの表面上だけをパクって自己満足で鋭い質問をした気になり、「自分はこんなに優秀なのに成功できない」と嘆《なげ》いている。

もちろんロジカルシンキングや情報収集は必須だが、勉強熱心なあなたには努力の方向性を間違えてもらいたくないから、ありのままの真実を私は伝えたいと思う。

鋭い質問をする人が成功するのではなく、感じのいい質問をする人が成功するのだ。

このシンプルな真実を心の底から理解し、具体的な行動に落とし込み、あなたの人生で習慣化することで、初めて成功する可能性を高めることができるのだ。

これまで私は1万人以上のビジネスパーソンたちと面談を繰り返してきたし、今では取材・インタビューを受ける立場になった。

それらの経験を通して改めて痛感させられるのは、**鋭い質問をしようとして感じの悪い人になってしまっている人たちは、見るも無残《むざん》に落ちぶれた人生を送っている**ということだ。

短期的視野ではなく中長期的視野を持つと、これにはもう例外がないのだ。

テレビ離れが深刻化し、雑誌が売れなくなったのはインターネットだけが原因ではない。

テレビや雑誌の内容が根本的につまらなくなっているのだ。

どうしてテレビや雑誌の内容がつまらなくなってしまったのか。

それは、マスコミで働く人々の中には感じの悪い人が存在する比率が高く、あらゆる分野の一流の人が嫌悪《けんお》感を抱いて知恵を提供しなくなったからである。

目上の人々に対する質問の仕方が下品であり、愛想《あいそ》を尽かされてしまったのだ。

昔から一流の人々にはマスコミを嫌う人がとても多かったが、今ではその比率が極限まで高まり、情報の質の低下が加速し、ついに大衆にも相手にされなくなった。

そして今では、この感じの悪さはマスコミ以外にも広がって、あちこちで一流の人々から嫌われる業界や会社が続出している。

成功するということは、一流の人たちから好かれて引っ張り上げてもらうということだ。

鋭さだけを追求して感じの悪いままでは、一流の人たちから嫌われて干されてしまう。

誰も教えてくれないこうした世の中のカラクリを、私は本書で公開したいと思う。

２０１７年１月吉日　南青山の書斎から　千田琢哉

第2章 問題解決する「質問の仕方」

第3章 自分を成長させる「質問の仕方」

第4章　コミュニケーションを円滑にする「質問の仕方」

第1章

人生をデザインする「質問力」

No.01

いつもより1回だけ「なぜ？」を増やしてみる。

プロローグでは、感じのいい質問をすることの大切さを説《と》いたが、これはもちろんあなたに実力があることが前提である。

実力の伴《ともな》わない感じの良さというのは、単なる卑屈《ひくつ》だと私は思っている。

実力はあるけど感じの悪い人ではなく、実力があって感じもいい人を目指すべきだ。

さて、質問力を磨くために最高のトレーニング方法がある。

それは、**「なぜ?」と自問自答することを習慣にする**ことだ。

そんなの当たり前だと思うかもしれないが、実際に自分でやってみるとかなり大変だ。

人というのは放っておくと怠《なま》けてしまう生き物であり、何も考えずにボーっとしてしまう。

だから意識的に「なぜ?」を自分に問い続けないと、いつまでも質問力はつかないのだ。

試しに、最初はいつもより1回だけ「なぜ?」を増やしてみることだ。

たとえば、これまで直感で本を選んできた人は、「なぜ自分はこの本を選んだのだろう」と一度立ち止まって自問自答してみるのだ。

あるいは、これまでちゃんと考えて本を選んでいた人は、「なぜ自分はそう考えたのか」とさらに突っ込んで自問自答してみるのだ。

読書に限らず仕事でもプライベートでも、いつもより「なぜ？」を1回だけ増やしていく。

筋トレと同じで「なぜ？」と考えるのは苦痛であり、ヘトヘトに疲れるが、そのうち虜《とりこ》になる。

頭を使わずに生きることが苦痛になり、常に「なぜ？」を考え続けないと気持ちが悪くなるのだ。

「なぜ？」を考えないと気持ちが悪くなる頃には、あなたは確実に頭が良くなっており、周囲から頭1つ抜け出た存在になるだろう。

これまで特に何も考えていなかったあなたが、1つのことについて「なぜ？」を2回も3回も繰り返す習慣になっているのだから質問力がつかないわけがない。

あなたの周囲でも、「あの人は飛び切り頭がいい」「あの人はいつもよく考えている」と一目《いちもく》置かれている人が必ず1人や2人思い浮かぶだろう。

その種明《たねあ》かしをすると、彼らには普段から「なぜ？」を考える習慣があるからなのだ。

今度は、あなたが周囲から一目置かれる番である。

試しに、今こうして本書を読んでいる理由や、さらにそう考えた理由を自問自答してみよう。

「なぜ？」を考える習慣が質問力をつける

No.02

自分の頭の中に先生と生徒を持つ。

質問力のある人の特徴として、自分の頭の中に先生と生徒を持っている点が挙げられる。

ボケ役とツッコミ役がいると考えてもいい。

これはどういうことかといえば、頭でAという考えが浮かんだ際に「なぜAなのか？」と質問してくれる、もう1人の自分が頭の中にふわりと現れるということだ。そして「……だからAだ」と答えると、さらに「なぜそう考えるのか？」と質問される。

普通の人が「AだからAだ」で終わってしまうところを、頭の中で先生と生徒が延々と質疑応答《しつぎおうとう》し合っているのだ。

無意識のうちにこれが習慣化しており、自然に質問力がついて頭が良くなっていくのだ。

私の学生時代に、地理が抜群《ばつぐん》にできる同級生がいたが、彼の勉強方法も基本はこれと同じだった。

彼は地理のテストがいつも満点で、彼の解答用紙がそのまま模範《もはん》解答になるほど優秀だったが、決して秘密の問題集や参考書で勉強しているわけではなかった。

自宅では学校で配布された地図帳と資料集を広げて、ツアーコンダクターの真似《まね》をしていたのだ。

私はその場に居合わせたことがあるが、放っておくと1つの国について24時間ずっと語り続けるのではないかというくらいの迫力だった。

とりわけ印象的だったのが、彼はツアーコンダクターと観光客の両方の役を1人2役で完璧にこなしていたという事実だ。

観光客の質問は、初歩的なものから意地悪なものまで実に幅広い。

彼は意地悪な質問に対しても、完璧に説明ができるようにひたすら訓練していたのだ。

途中で私が観光客役として飛び入り参加して質問しようものなら、初歩的な質問として秒速で片付けられてしまったくらいだ。

彼はマークシート式テストでは物足りず、記述式の超難問が登場すると鳥肌が立つほど嬉しいと叫んでいた。

以上の経験を通して、私は彼から生涯《しょうがい》の宝になるヒントを教わった。

人は教え、教わりながら成長していくのだということを。

そして教えたり教わったりするのは、必ずしも対象が他人である必要はなく、自分の想像力でいくらでも代替《だいたい》可能なのだ。

そういえば私がこうして本を書く際には、いつも頭の中で1人2役を演じている。

！人は、教え、教わりながら成長する

No.03

いい質問をする人は、普段から考えている人だ。

いい質問をするために大切なのは、テクニックではない。

地に足のついた実力をつけることが王道であり、早道だ。

どうしていい質問ができるかといえば、普段からよく考えているからだ。

普段から考えている人は、いつも頭の中が疑問だらけになっている。

これは、勉強すればするほどに、次々とわからないことが出てくるのと同じ原理だ。

勉強すれば世の中のことがすべてわかると思っている人は、勉強していない人だ。

勉強をすると、いかに自分がちっぽけな存在なのかがわかってくるし、自分が何もわかっていなかったことにも気づかされる。

どんなことに対しても普段からよく考えていると、「これについて誰か教えてくれる人はいないかなぁ」と疑問で溢れ返ってくる。

だから、何かチャンスがあればすぐに質問したくなるわけだ。

質問される側にとっても、そういう人の質問は「あ、この人は普段からよく考えて生きている人だな」とすぐにわかるものだ。

場合によっては、いい質問をした人にだけメールが返信され、そのまま交流が始まったりする。

一見すると同じ質問に見えても、ほんの些細《ささい》な表現や言葉尻《ことばじり》でその人の力量はわかってしまうものなのだ。

三流の組織で三流の人材ばかりだと、派手なパフォーマンスですべてが決まってしまう傾向もあるが、一流の組織で一流の人材が揃っていると、訥弁《とつべん》でも中身で判断しようとする傾向が強くなる。

私もコンサル時代に、お役所のエリート相手にプレゼンをする機会が何度かあったが、彼らは民間企業のサラリーマンたちとは違い、パフォーマンスに騙《だま》されることはなかった。

面白味がないといえばそれまでだが、純粋に中身を吟味《ぎんみ》して判断していた。

だから業界ではプレゼンのスキルが卓越《たくえつ》していると評判の会社の提案でも、彼らは情け容赦《ようしゃ》なく却下していたものだ。

ある意味、こういう人たちが役人をしているからこの国は持っているのかもしれないと、見直したものだ。

翻《ひるがえ》って、あなたはどうだろうか。

これまで見かけの華やかさに騙されて、痛い目に遭《あ》った経験はないだろうか。

まず自分が普段から考える人間になることで、偽者《にせもの》に騙されないようになるものだ。

質問には、
その人の力量が表れる

No.04

読書がいい質問を創る。

普段からよく考える人間になるためには、どうすればいいのか。

その答えは、とてもシンプルだ。

本を読めばいいのだ。

たとえば政治経済に関する本を何冊か読んでいくうちに、共通項ともいえる概要《がいよう》が徐々にわかってくる。

同時にどれだけ本を読んでも、どれだけ自分の頭で考えてもわからないことも出てくる。

それをその道の専門家に聞くと、結果としてそれがいい質問になるのだ。

読書がなぜいいのかといえば、書籍の情報のクオリティが概して高いからだ。

インターネットでも書籍と同程度の情報がゲットできることもあるが、ジャンク情報が多過ぎる。

90年代や今世紀に入ってわずか数年はそれなりの質を保っていたが、ブログやSNSによって誰もが主人公として情報を発信できるようになってしまったため、本当にあなたが欲しい情報に到達できない可能性が極めて高いのだ。

もちろん、コンマ数%の確率で上質の情報の発信者にアクセスできた場合に限り、それをお気に入りに設定して定期購読する程度のことは私もやっている。

だが書籍に比べると、ネット情報は桁違《けたちが》いにハズレが多いのは否《いな》めない事実だ。

それもそのはず。

書籍の場合は、最初から出版社が丁寧《ていねい》に著者の選別と情報の取捨《しゅしゃ》選択をしてくれているから、どんなに最低と思われる書籍でも、必ずそれに価値を見出す人が一定数期待できるのだ。

1冊の本を商業出版して全国の書店とインターネット書店で販売するためには、出版社は通常、国産自動車1台分の金額を投資しなければならない。

ほとんどの出版社は中小企業であることを考えると、1冊の本を世に出すということはまさに社運をかけた戦いなのだ。

正直に告白すると、私も本を買って「さすがにこの本はハズレだったかな」と感じることもあるが、それでもごく平均的なネット情報に比べると何百倍も内容が充実している。

普段から本を読んでいると、次第《しだい》にネット情報の目利《めき》きもできるようになってくる。

できる限り質の高い情報に触れ続けたほうが、いい質問は生まれるものだ。
そのために、まずは読書で土台となる基礎情報をしっかりと固めておくことだ。

ネットより、書籍の情報のクオリティが高いことを知ろう

No.05

他人に質問する前に、まず自分に質問する。

粋《いき》な質問をする人と、野暮《やぼ》な質問をする人がいる。

粋な質問というのは、その場に居合わせた人を元気にする質問だ。

粋な質問をする人は、やはり周囲から好かれて出世《しゅっせ》していく。

野暮な質問というのは、その場に居合わせた人から元気を奪う質問だ。

野暮な質問をする人は、やはり周囲から嫌われて組織から干されてしまう。

どうしてこの違いが生まれるのかといえば、他人に質問する前に、まず自分に質問するというプロセスを飛ばしているからだ。

その質問をして、相手や周囲はどう感じるだろうか。

その質問を自分がされたら、どう感じるだろうか。

その質問をしたことによって、誰かが幸せになるのだろうか。

これらのことを何も考えずに質問をするのと、ちゃんと考えた上で質問をするのとでは、相手に与える印象はまるで違う。

たとえば「これは相手にとって辛い質問だろうな」と理解した上で質問をすれば、自《おの》ずとそれはあなたが話すときの表情や姿勢にも表れてくるはずだ。

質問をされる側も、それを察知《さっち》して答えてくれるだろう。

これが、何も考えずに質問をしたとなれば、単に冷たい人、憎たらしい人と映ってしまう。

質問をされる側も、それ相応に喧嘩腰《けんかごし》になって答えてくるだろう。

この差は途轍《とてつ》もなく大きい。

慣れてくると、1秒もかからず、無意識のうちにこうした自分への質問ができるようになる。

もちろん最初のうちは、周囲からボコボコにされながら凹《へこ》みまくればいい。

何を隠そう私自身が20代の頃に、よく野暮な質問をして、ボコボコに凹まされた。

だがその場合も、なぜ自分の質問が周囲から顰蹙《ひんしゅく》を買ってしまったのかを深く分析しなければ、もったいない。

そして次に質問する際には、その教訓を活かして自分に問いかけてから質問すればいい。

大切なことは、ボコボコにされたからといって簡単に怯《ひる》まないことだ。

あなたに良心さえあれば、必ず応援してくれる人が出てくるものだ。

良心とは、相手の心の痛みを理解しようとする姿勢を忘れずに日々努力することだ。

良心を忘れずに自問自答を繰り返せば、必ずあなたは粋な質問ができるようになる。

自分への質問が、「質問力」を育てる

No.06

優秀な人ほど、初歩・基礎をバカにしない。

あなたがまだ20代だとか、転職や独立したてという状況であれば、わからないことだらけだろう。

こういう場合、すぐに背伸びをして優秀に見せかけようとしたがる人が多いが、将来一流の成功を目指すなら、それだけはやめたほうがいい。

つべこべ言わず、徹底して初歩・基礎固めをすることだ。

初歩とは教科書の例題レベルで、基礎とは教科書傍《ぼう》用問題集が解けるレベルと考えればいい。

それほど勉強時間が長くなくても成績優秀な生徒は、生まれつき知能指数が高いのではなく、初歩・基礎が仕上がっているのだ。

その反対に、どれだけ長時間勉強しても報《むく》われない劣等生は、初歩・基礎の習得から逃げて、かっこいい参考書や問題集ばかり食い散らかしているだけなのだ。

勉強でも、初歩・基礎を疎《おろそ》かにして標準問題や応用問題など解けるはずがないのと同様に、仕事でも、初歩・基礎を疎かにしてその先の成長はないのだ。

どんな分野においても、スタートの1年目であれば、初歩・基礎の習得に命をかけて、自分でも極限まで努力をした上で、上司や先輩に質問をすることだ。

極限まで努力をした人の質問は、すでに自分で考え尽くした末のものだから、必ず具体的になる。

優秀な人ほど、初歩・基礎の質問をバカになどしない。

それどころか、初歩・基礎的な質問が具体的であればあるほどに、上司や先輩はあなたのことを〝将来有望〟と見なして応援してくれるに違いない。

初歩・基礎を仕上げていくと、次第にあなたの質問の質も向上していく。

初歩・基礎レベルを仕上げるコツは、とにかく疑問点をしらみつぶしにしていくことだ。

もちろん何でもすぐに他人を頼るのではなく、まず自力で考えてから質問して解決していくのだ。

入社後しばらくは優秀なサラブレッドと思われていたのに、年数が経《た》つにつれて落ちぶれてしまう人たちは、揃いも揃って初期の段階で初歩・基礎を仕上げなかった人たちだ。

将来出世したら、今度はあなたが部下や後輩に初歩・基礎を指導する立場になる。その際に、初歩・基礎がわかっていなければ、確実に部下や後輩になめられる。

結果として、マネジメントができないから出世もできないというわけだ。

初歩・基礎を仕上げるほど、あなたの質問の質が向上していく

No.07

頭の悪い人ほど、初歩的な質問をする人をバカにする。

あなたが怠惰《たいだ》による無知のために相手に初歩的な質問をしてしまったら、バカにされる可能性はある。

これはもはや、人間の本能によるものだから避けられない。

だが、もしあなたがまだ初期段階にいたり、お客様の立場であったりする場合は、この限りではない。

これまで私が、様々な業種業界で1万人以上の人間観察をして得た、ありのままの1次情報によると、頭の悪い人ほど初歩的な質問をする相手をバカにする傾向が強い。

こうして本を書くからには、より具体的にイメージしやすいように真実を公開したいと思う。

それは偏差値の高い組織の底辺層ほど、人をバカにする人間が存在する比率が高いということだ。

たとえば、病院では、医者よりも看護師や受付スタッフのほうが患者に対してふんぞり返っていることが多い。

あるいは、超一流企業では、幹部候補社員よりも非幹部候補社員や非正規社員のほうが出入り業者を露骨《ろこつ》に見下すことが多い。

いずれも割合が高いという話で、全員そうだというわけではない。

多くの業種業界でコンサルをして組織に入り込んでいくと、「こういう組織のこの層はプライドが高い」というのが自然にわかってくるものだ。

もちろんそのプライドの高さは気高《けだか》い誇りではなく、自分のコンプレックスの裏返しに過ぎない。

今いる組織では見下され虐《しいた》げられている〝いじめられっ子〟だから、自分に歯向かわない相手を小賢《こざか》しく見つけて〝いじめっ子〟になることで精神的バランスを保っているのだ。

もしあなたが初歩的な質問をしてバカにされたら、その相手は間違いなくノンキャリであり、組織内ではいじめられっ子だから同情してあげるくらいでちょうどいい。

もちろん、目に余るほど太々《ふてぶて》しい態度であれば、その場で叱りつけたり上司を呼んでクレームを伝えたりするのも悪くない。

もともと弱い人間だから、ヒツジのように大人しくなるはずだ。

さてここで大切なことは、他人のことではなく、あなた自身についてである。
ひょっとしてあなたは、初歩的な質問をする相手をバカにしてはいないだろうか。
初歩的な質問をする相手をバカにしているうちは、あなたも別の人からバカにされる。
初歩的な質問を軽く見る人は、１００％の確率で本当は初歩がわかっていないものだ。

初歩的な質問に対する姿勢が、
その人の実力を表している

No.08

奇抜《きばつ》で脚光《きゃっこう》を浴びる質問者に憧れない。

30代以降でうだつの上がらない人生を送っている人たちの特徴は、20代の頃にずっと派手な人に憧れ続けてきたことだ。

否、正確には30代になっても、心の底ではずっと派手な人に憧れ続けているものだ。

表面上だけをひたすら追いかけ続けて、肝心《かんじん》な中身を洞察《どうさつ》できないのだ。

質問もこれと同じで、奇抜で脚光を浴びる質問者に憧れる人は多い。

奇抜で脚光を浴びようとする人たちを、もうあと5年、10年と観察し続けてみればいい。

確実に落ちぶれているはずだ。

理由は簡単だ。

奇抜さでアピールして通用するのは、初期の段階のみだからである。

2回目になると、たいていは最初のインパクトは半減する。

3回目になると、2回目のインパクトからさらに半減する。

10回も奇抜なパフォーマンスを繰り返そうものなら、最初のインパクトからカウントして約1000分の1になる計算だ。

そうなるともう誰も振り向いてくれないし、相手にしてくれなくなるわけだ。

いかがだろうか。

奇抜さをウリにするのはとても怖いことだと、理解できたのではないだろうか。

長期的な成功者はたいてい奇抜さを嫌い、やや地味な人が多い。

奇抜な猫騙《ねこだま》しなどしなくても、淡々と横綱相撲を取り続ければいいからである。

私の本の読者には、ぜひ自分の土俵で横綱相撲を取ってもらいたいと思い、私はこうして本を書いている。

もしあなたが将来本気で横綱相撲を取りたければ、猫騙し連中には近づかないことだ。

人物や物事の見せかけではなく、中身を洞察することに専念することだ。

猫騙し連中の特徴をお伝えしておくと、ギラギラファッションで態度がでかいことだ。

ワンポイントだけキラキラと輝くのはお洒落《しゃれ》だが、数ポイントにわたってアクセサリーがジャラジャラとぶら下がっているのは、ギラギラ組の立派なレギュラーメンバーだ。

中身のなさを外見でカバーしようという、典型的な猫騙しの発想だ。

そういえば、編集者でも本当に実力がある人はやや地味目な場合が多い。

これはダサイという意味ではなく、落ち着いた雰囲気を醸《かも》し出しているということだ。

いい質問をする人は、相手を威嚇《いかく》するような外見をしていないものだ。

見せかけに騙されず、真に実力のある人を参考にしよう

No.09

力んで質問すると、より小粒に見える。

私はこれまでに数多くのセミナーを企画してきたし、私自身もセミナー講師を何百回とこなしてきた。

それらの経験を通してハッキリ言えるのは、力んで質問するとより小粒に見えるということだ。

質問者の力みと質問の質は、見事に反比例するのだ。

どうして力んでしまうのかといえば、本人が質問の質の低さを重々承知《じゅうじゅうしょうち》しているからに他ならない。

言語化できなくても本能でそれを察知しており、その結果として力んでいるのだ。力む人の質問は会場にいる他の参加者にとってもつまらないから、その場を下げモードにしてしまう。

本人もその場が下げモードに入ったことを察知するから、これはヤバいとさらに力んで「もう1つよろしいでしょうか？」とつい挽回《ばんかい》しようとする。

「もう1つよろしいでしょうか？」の質問が、これまたハズレが多く下げモードに拍車《はくしゃ》をかける。

結婚式でも、話がつまらない人は決まって話が長くなる。

どうしてつまらない話をさっさと終わらせないのかと、聞いている人は憤《いきどお》るかもしれない。

根本的な理由は、力んで質問する人とまったく同じだ。

会場にいる全員から「さっさと終われよ〜」という空気がビンビン伝わってくるから、挽回しようとしてますます力んで話が長びくのだ。

笑い事ではなく、こうした痛い人は必ず一定の割合で棲息《せいそく》する。

大切なことは、あなた自身がそうなってはいけないということだ。

力むのは、ひたすら実力不足だからである。

それ以外の理由など何もない。

力まずに肩の力を抜いて質問ができるようになるためには、圧倒的な準備をすることだ。

圧倒的な準備をすると緊張はゼロにはならないが、かなり軽減される。

圧倒的な準備と中途半端な準備の違いは、「これだけやってもダメなら仕方がない」と自分が心の底から思えるかどうかだ。

「これだけやってもダメなら仕方がない」と吹っ切れると、人はリラックスできるのだ。

緊張してつい力んでしまう原因は、自分の準備不足だったのだ。

圧倒的な準備こそが、リラックスを生む

No.10

さらりと鋭い質問をする人は、好きなことをして淡々と生きている。

いつも肩の力が抜けていて、さらりと鋭い質問をする人がいる。

賢明《けんめい》な読者ならすでにお気づきのように、こういう人は本物だ。

私が転職時に出逢った面接官が、まさにそうだった。

その人は社内でも評判の天才肌のコンサルタントだったが、肩の力が抜け過ぎて面接中に居眠りをしていたくらいだ。

その時の状況は面接官が十数人と多く、それに対して受験者は5人ごとの入れ替わり制だった。

面接官の1人が椅子に浅く腰を掛けて腕を組み、エビ反りで熟睡していたかと思うと、突如《とつじょ》むくっと起きて寝起きホヤホヤの声でさらりと鋭い質問をしてきた。

私が驚いたのは質問の鋭さもさることながら、こんな人が管理職として評価されているということだった。そしてそんな会社は、きっと器が大きくエキサイティングに違いないと思った。

私が新卒で入社した損害保険会社ではあり得ない、常識を覆《くつがえ》す社風だと直感したのだ。

転職後の私はその面接官の部下になったのだが、面接時と何も変わらない人だった。

昼夜逆転の人生を謳歌《おうか》していたし、アルコールが大好きな人だった。

だけど、好きなことをして淡々と生きているのは間違いなかった。

生活態度は5段階評価で文句《もんく》なしの〝1〟だったが、仕事能力は文句なしの〝5〟だった。

彼の仕事能力は努力によるものではなく、ひたすら才能によるものであることは周知の事実だった。

この出逢いを機に、私は才能の大切さを思い知らされた。

努力を軽く見たわけではないが、努力ではどうにもならないことがある事実を受容《じゅよう》した。

凡人《ぼんじん》が何人も協力して3ヶ月かけて辿《たど》り着く結論に、孤高《ここう》の天才はわずか30分で辿り着くのだ。

せっかく努力するのであれば、自分に才能があって報われやすい分野で努力しなければ寿命の無駄遣いであると確信した。

それ以来私は、努力を否定はしないが、才能格差から目を背けてはならないと主張し続けている。

極めて本質的かつ厳しい事実だが、さらりと鋭い質問をするためには自分が楽勝できる土俵で努力を努力と感じることなく、没頭《ぼっとう》しながら人生を充実させていることが大切だ。

自分の才能に気づいて生涯それを磨き続けている人は、必ずさらりと鋭い質問をする。


!

自分が向いている分野での努力こそが大切

第2章

問題解決する「質問の仕方」

No.11

経営コンサルタントの仕事は、顧客から教わること。

経営コンサルタントと聞くと、資料作成のための分析ばかりしていると考えている人がとても多い。

もちろん、初期段階ではそういう仕事をやらなければならないが、それだと経営コンサルタントではなく、ただの作業員のままで一生が終わってしまう。

経営コンサルタントの世界で出世するためには、まず人から好かれなければならない。

否、好かれるだけではお金はもらえないから、一目置かれる存在にならなければならない。

どうすれば人から好かれて一目置かれるかといえば、人から教わる姿勢を忘れないことだ。

経営コンサルタントを揶揄《やゆ》する有名なたとえ話に、「他人の腕時計を見ておきながら、まるで自分が時間を教えてあげているように偉そうに振る舞う人」というものがある。

私が言うのもなんだが、このたとえ話は見事に的を射ている。

経営コンサルタントというのは、お客様からいろいろ教えてもらえなければ、何も仕事ができない人間なのだ。

どうしてその会社の内情に詳しいのかといえば、その会社の従業員からいろいろ教えてもらったからだ。

経営コンサルタントが、類稀《たぐいまれ》な才能の持ち主だからでは断じてない。どうしてその業界の内情に詳しいのかといえば、その業界で働く人々からいろいろ教えてもらったからだ。

経営コンサルタントのＩＱが、生まれつき高いからでは断じてない。

しかも、不思議なことに自分が教えてもらっている立場なのに、相手からお金を取るのが経営コンサルタントなのだ。

さて、ここで大切になってくるのは、どうしてお金を払うどころか、もらいながらいろいろ教えてもらえるかである。

それだけ質問の姿勢が謙虚《けんきょ》であり、お客様から応援されやすいからだ。

経営コンサルタントの世界で稼ぎ続けるためには、何よりも人から教わる謙虚な姿勢と、人から応援されやすい〝かわいげ〟が必須能力になってくる。


謙虚さと〝かわいげ〟が生まれる根底には、人から教わる際に心の底から相手を

敬《うやま》っているということがある。

自分が未熟で相手を敬うことができないのであれば、その相手に質問をすべきではない。

相手を敬うことができれば、そこに〝かわいげ〟が生まれる

No.12

数学の問題は、人生で起こる問題を抽象《ちゅうしょう》化したものである。

これまでに何度か、数学の学力と年収は比例するという統計データを目にしたことがある。

このデータによると、文系の大学受験において数学で受験した人は、そうでなかった人よりも、いい会社に入って年収が高く出世もしているとのことだ。

そして理系では、高校時代に化学や生物よりも物理が得意だったと答えた人たちの年収が一番高かったということだ。

大学受験の物理では、化学や生物と比べて暗記の要素はかなり少ないが、数学的センスが求められるのが特徴だ。

これらの法則を演繹《えんえき》的に、これまで私が出逢ってきた人々に当てはめて検証してみると、ほぼ例外なく当てはまることに気づかされた。

数学が得意だった人は、人生でぶつかる問題も同様にロジックで解決しようとする傾向が見られた。

これを私は、「お勉強と人生は違う」といった退屈極まりない話に持ち込みたいのではない。

数学の問題というのは、人生で起こる問題を抽象化したものであることを強調したいのだ。

数学が苦手だった人は、小学生時代の算数の問題を思い出してもいいだろう。算数の問題は、必ず「わかっている部分」と「わからない部分」があって、「わからない部分」を解き明かすというパターンになっている。「わかっている部分」を駆使《くし》しながら「わからない部分」を解きほぐし、「わかる部分」を1つずつ増やしていく。

人生でもこれは同じではないだろうか。

人生でぶつかる壁には、現時点において「今すぐどうにかなる部分」と「今すぐにはどうにもならない部分」があって、「今すぐどうにかなる部分」を駆使しつつ「今すぐにはどうにもならない部分」を解きほぐしていくことで壁を打破《だは》していく。なかなか打開策が見つからない場合には、「ひっくり返す」「補助線を引く」「共通点をまとめる」といった工夫で、道が拓《ひら》けることもあるのはまさに算数と同じだ。

ただ、算数の問題と人生の問題では大きく異なる点がある。

算数の問題ではカンニングはアウトだったが、人生の問題ではカンニングし放《ほう》題《だい》だ。

人生の問題でのカンニングとは、質問をして「わからない部分」を減らすということだ。

人生は、質問した者勝ちである

No. 13

「解なし」も立派な答えだ。

人生で起こる問題が、数学の問題と酷似《こくじ》しているという話はすでに述べた。

ここでは、もう少し突っ込んだ話をしたい。

あなたの記憶にもあるように、数学では「解なし」という解答がある。

私がこの「解なし」を最初に知ったのは、確か中学生の頃だったと思うが、深く感動した記憶がある。

「解なしって、素晴らしい！」と独《ひと》り感激し、少しでも難しい問題が登場すると、ここぞとばかりに得意気《とくいげ》になって「解なし」を連発したものだ。

中には、本当にそれが正解だったこともあり、「解なし」には今でも感謝している。

人生の問題でもこれは同じで、どれだけあなたが一生懸命《いっしょうけんめい》に知恵を絞《しぼ》っても、どれだけ周囲に質問して知恵を仰《あお》いでも、どうにもならないことはどうにもならない。

限られた時間で、やるべきことをすべてやった上でダメなのであれば、「解なし」として終えてしまうのも、ワンランク上の知恵というものだ。

経営コンサルティング会社でも一流どころになればなるほど、正々堂々と「解なし」を顧客に突きつけるものだ。

知恵の限りを尽くしても解決策がない場合は、その問題を解決しないことが正解なのだ。

これは負け惜しみで言っているのではなく、人生では、あえて解決しないほうがいいことだってたくさんあるということだ。

お役所のペンディングを悪く言う人は多いが、あれはあれで立派な1つの戦略なのだ。

すべての問題がそうであるはずはないが、現実には、今すぐ解決しないほうがいいことはあるのだ。

これらの問題は、時間が解決してくれる場合が多い。世間の関心が薄れたり世界情勢が一変したりして、「あの時無理に解決しないで正解だった」ということになるわけである。

ただし強調しておくが、単に逃げや怠惰によって「解なし」を乱用していると、痛い目に遭うだろう。

数学の問題と同じで、「解なし」は〝伝家《でんか》の宝刀〟と考えるべきであり、知恵の限りを尽くした者だけが最後に使えるものなのだ。


知恵の限りを尽くした者は、必ずいい質問をする。

どれだけいい質問をして知恵を絞り尽くしても解決できないなら、ふと思い出せばいい。

ひょっとしたらこれは、「解なし」ではないか、と。

いい質問の果てに、「解なし」があることもある

No.14

そもそも
解いている問題自体が
間違っていることもある。

これまで数学の問題と人生に起こる問題の共通点について述べてきたが、ここではその反対の相違《そうい》点について話をしたい。

お子様の勉強と人生で起こる問題とでは、決定的に違う点がある。

それは、お子様の勉強では、すでに完璧な模範解答が用意されている問題を与えられるのに対して、人生で起こる問題では、模範解答が用意されていないという点だ。模範解答が用意されていないということは、そもそも解いている問題自体が正しいのか間違っているのかもわからないということだ。

下手をすると、一生懸命に解いているその問題自体が間違っていることがよくあるのだ。

たとえば、次ページの問題を考えてもらいたい。

恐らく、素直な小学生ほど正解し、高学歴な人ほど長時間考えて苦戦するはずだ。

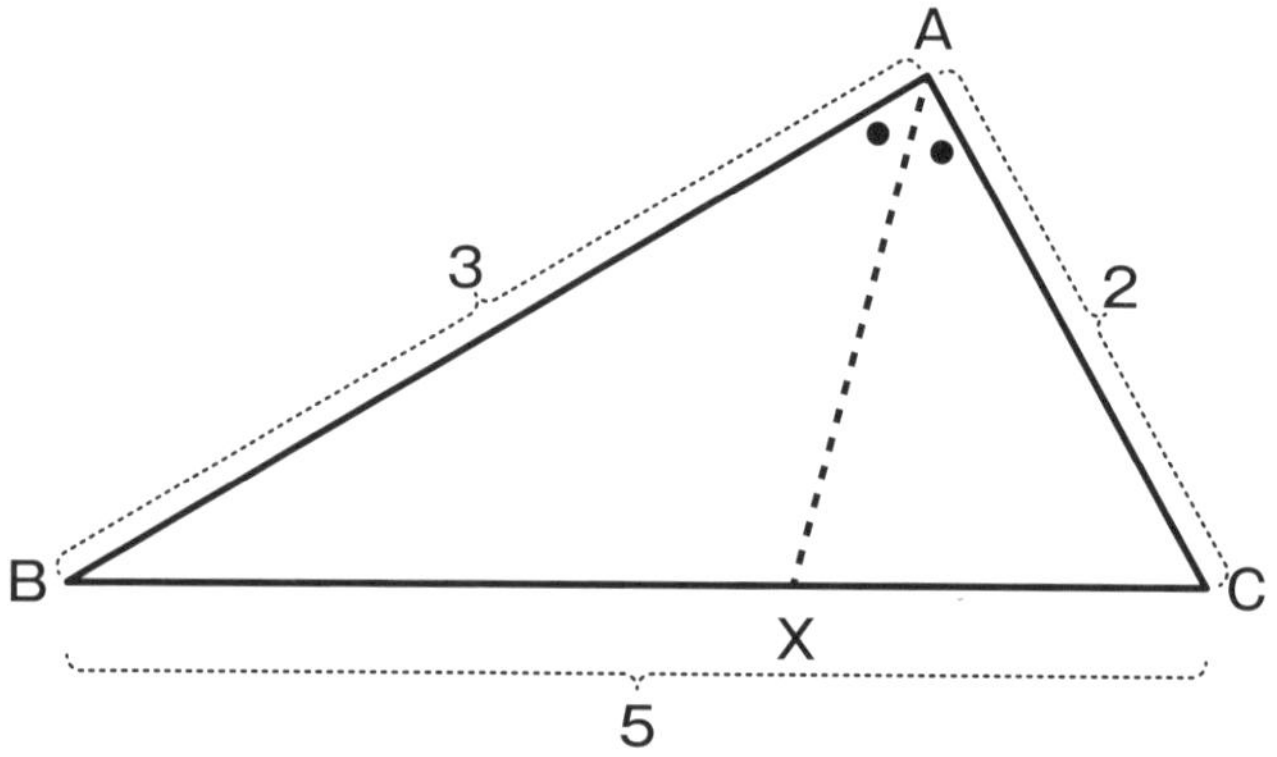

【問題】
AB=3,AC=2,BC=5の⊿ABCがある。
∠Aの二等分線をBCに下した点をXとしたとき、
AXの長さはいくつか。

さて、わからなければ実際に定規《じょうぎ》を手にして自分でこの三角形を書いてみよう。

この条件を満たす三角形はこの世に存在しない。

私はコンサル時代に、講演でよくこの問題を出題したが、ほぼすべての大人たちが懸命に解こうとし、「もう少しで解けるから待ってくれ!」と懇願《こんがん》されたものだ。

人生もこれと同じで、そもそも今自分が解いている問題自体が間違っていることもある。

行き詰まったら、「そもそも解いている問題が間違っていないか」と自問してみることだ。


!

あなたが今直面している問題は、本当に解けるものだろうか?

No.15

いったん問題を解き始めたら、「できない理由」は考えない。

さてここで再び、数学の問題と人生で起こる問題の共通点の話に戻したい。

数学の成績が悪い人の特徴として、「これでは解けないのではないか?」と解いている最中にビクビクオドオドしていることが挙げられる。

確かに、そのやり方では解けないかもしれないが、その段階で心配することではない。

少なくとも、その瞬間はそれ以上の考えは思い浮かばなかったから、その方法で解こうとしたわけであり、自分としては最善のことをやっているはずだ。

いったん問題を解き始めたら、「できない理由」を考えるのは時間とエネルギーの無駄なのだ。

限られた時間で、自分としては最善のことをしている最中には、「できない理由」は考えないことだ。

これは人生の問題を解決する場合も同じだ。

できる限りのことをやろうとして、せっかく方針《ほうしん》を決めたのに、「できない理由」を次々と天才的に列挙《れっきょ》する人がいる。

組織では方針を決める前であれば、いくら「できない理由」を列挙して反論しても構わないが、いったん方針が決まったら、つべこべ言わずきちんと従うことだ。決まった方針に対しては、ひたすら従うべきであり、「できない理由」ではなく、「いかに実現させるか」のみに思考を集中させるべきである。

もちろん、途中で「解なし」だとか、「解いている問題自体が間違っている」と気づいたら、その瞬間に引き返せばいい。

「解なし」でも、「解いている問題自体が間違っている」と証明されたわけでもないのに、自分からできない理由を考えないことだ。

もちろん質問も、「いかに実現させるか」の一点に集中させることだ。

自分に対する質問も、「いかに実現させるか」についてだけでいい。

他人に対する質問も、「いかに実現させるか」についてだけでいい。

もし、ついうっかり「できない理由」を漏《も》らしてしまったメンバーは、その場でイエローカードであり、二度口にしたらレッドカードでプロジェクトから外されても仕方がない。

リーダー本人が「できない理由」を列挙する犯人である場合は、メンバー全員で協力し、ありとあらゆる手段を使ってでも組織から追い出すべきである。

お買い求めいただいた本のタイトル

■お買い求めいただいた書店名

（　　　　　　　　　　）市区町村（　　　　　　　　　　）書店

■この本を最初に何でお知りになりましたか

☐ 書店で実物を見て　☐ 雑誌で見て（雑誌名　　　　　　　　　　）
☐ 新聞で見て（　　　　　　　　新聞）　☐ 家族や友人にすすめられて
総合法令出版の（☐ HP、☐ Facebook、☐ twitter）を見て
☐ その他（　　　　　　　　　　）

■お買い求めいただいた動機は何ですか（複数回答も可）

☐ この著者の作品が好きだから　☐ 興味のあるテーマだったから
☐ タイトルに惹かれて　☐ 表紙に惹かれて　☐ 帯の文章に惹かれて
☐ その他（　　　　　　　　　　）

■この本について感想をお聞かせください

（表紙・本文デザイン、タイトル、価格、内容など）

（掲載される場合のペンネーム：　　　　　　　　　　）

■最近、お読みになった本で面白かったものは何ですか？

■最近気になっているテーマ・著者、ご意見があればお書きください

ご協力ありがとうございました。いただいたご感想を匿名で広告等に掲載させていただくことがございます。匿名での使用も希望されない場合はチェックをお願いします☐
いただいた情報を、上記の小社の目的以外に使用することはありません。

郵便はがき

料金受取人払郵便

日本橋局
承認

6473

差出有効期間
平成30年10月
31日まで

切手をお貼りになる
必要はございません。

103-8790

953

中央区日本橋小伝馬町15-18
ユニゾ小伝馬町ビル9階
総合法令出版株式会社 行

本書のご購入、ご愛読ありがとうございました。
今後の出版企画の参考とさせていただきますので、ぜひご意見をお聞かせください。

フリガナ お名前	性別 男・女	年齢 歳
ご住所 〒 TEL （ ）		
ご職業 1.学生 2.会社員・公務員 3.会社・団体役員 4.教員 5.自営業 6.主婦 7.無職 8.その他（ ）		

メールアドレスを記載下さった方から、毎月5名様に書籍1冊プレゼント！

新刊やイベントの情報などをお知らせする場合に使用させていただきます。

※書籍プレゼントご希望の方は、下記にメールアドレスと希望ジャンルをご記入ください。書籍へのご応募は1度限り、発送にはお時間をいただく場合がございます。結果は発送をもってかえさせていただきます。

希望ジャンル：☐ 自己啓発 ☐ ビジネス ☐ スピリチュアル

E-MAILアドレス ※携帯電話のメールアドレスには対応しておりません。

「できない理由」を口にする人間は、組織にとっては迷惑な癌《がん》細胞なのだ。

行動に移したあとは、あれこれ考えない

No.16

揚げ足の取り合い軍団からはイチ抜ける。

テレビの討論番組を見ていると、耐え切れなくなって思わずチャンネルを変えたくなる瞬間があるはずだ。

それは、揚げ足の取り合いが始まった瞬間ではないだろうか。

どうして揚げ足の取り合いになるかといえば、理由は簡単だ。

問題を解決しようとするのではなく、自分の面子《めんつ》を守ろうとしているからである。

最初は、テーマに沿った議論が交わされていたはずなのに、次第に頭の悪い側がこのままでは負けると悟った瞬間に、相手の揚げ足を取るのだ。

よく、お笑い芸人が錚々《そうそう》たる知識人の中に混ざって議論を交わし、表面上は結構善戦しているように見えることがあるだろう。

それを見てあなたは、「やっぱり世の中は学歴じゃなくて地頭だな」と騙されてはいないだろうか。

もちろん、あれはお笑い芸人を少しでも賢く見せ、社会的地位を少しでも高めさせようという涙ぐましい企画者側の筋書《すじが》きがあるわけだ。

なぜなら、視聴者は学歴の高い知識人の活躍よりも、その対極にあるお笑い芸人の活躍を望んでいるからだ。

試しに、善戦しているように見える芸人の発言を一度よく聞いてみよう。

すべて相手の揚げ足を取っているだけだと、気づかされるはずだ。

知識人たちは、普段そこまで下品に揚げ足を取られることがないから、しどろもどろになってお笑いのダシにされてしまうというわけだ。

換言《かんげん》すれば、仮にあなたが格下で相手が格上の場合、あなたは相手の揚げ足を取ることでその場を乗り切る以外に生き残る道はないのだ。

揚げ足を取るというのは、もともとそういう行為《こうい》なのだ。

お笑い芸人はそれが仕事だから、正々堂々と揚げ足を取りまくっていればいいのだ。

だが、あなたがお笑い芸人ではないのなら、相手の揚げ足を取らないのはもちろんのこと、あなたの揚げ足を取る連中から距離を置くことだ。

揚げ足の取り合い軍団からイチ抜けすることで、あなたの人生は拓けるのだ。

問題解決に向けた誠実な質問ではなく、ただ自分のプライドを守るだけのために相手の揚げ足を取るような質問は、頭が悪くなるだけではなく敵も増え続ける。

揚げ足の取り合いはウィルスと同じで、感染しやすいから要注意だ。

揚げ足取りの質問では、人生は拓けない

No.17

決めゼリフは、周囲のモチベーションを下げる。

会議や商談で、いつも鋭い質問をしてやろうと狙《ねら》っている人がいる。

自分が決めゼリフを言うことで、主役になってやろうという思惑《おもわく》が見え見えの人だ。

たとえば、会議でそれまでずっと黙っていたにもかかわらず、終盤のほぼまとまりかけてきた頃になってから、「キミたちは1つ大切なことを忘れてはいないか？」と言い始める人がいるだろう。

もうこれだけで、参加者のモチベーションが一気に下がる。

あるいは、商談でお客様が気持ち良く持論を展開している最中に、「しかしこんな場合はどうですか？」「ところでここが盲点《もうてん》になっていませんか？」とやらかす人がいるだろう。

もうこれだけで、お客様に嫌われる。

いずれも、数々の実話を抽象化したものだが、これらの共通点としては、決めゼリフを狙っている本人だけはご満悦《まんえつ》だということである。

そして、組織内ではもちろんのこと、たとえ独立していても社内外で嫌われ続けるから、揃いも揃って全員見るも無残に落ちぶれた人生を送っている。

決めゼリフというのは、言っている本人は気持ちがいいかもしれないが、聞かされる側にとっては、ただただ不快なだけなのだ。

決めゼリフを言うたびに、その場にいる全員から嫌われ、その場を下げモードにするから、確実に運気を落としていく。

だから、決めゼリフを狙っている人たちを観察してみるといい。

例外なく運が悪いはずだ。

その上、誰にも認められないから、ますます決めゼリフを狙い続ける。

結果として、決めゼリフを狙い続ける人間は、負のスパイラル人生に突入していくというわけだ。

すでにお気づきのように、あなたの運気を向上させるコツは簡単だ。

決めゼリフを相手に言わせてあげればいいのだ。

相手が決めゼリフを言えるように、あなたがお膳立《ぜんだ》ての質問をするのだ。

就活の最終面接には、出世を遂げた重役連中がズラリと並んでいる。

「何か質問はありますか？」と聞かれたら、「私も御社に入って絶対に出世したいです。みなさんのように出世する秘訣《ひけつ》を教えてください」と質問するとどうなるだろう。

きっと各役員が喜々《きき》として持論を展開し始め、決めゼリフを吐くに違いない。

決めゼリフのお膳立てが、あなたの運気を上げる

相手を論破《ろんぱ》した商談は あなたの負け。

鋭い質問を浴びせ、お客様を論破して勝ち誇っている人がいる。

特に組織の末端社員や窓際社員、その予備軍によく見られる傾向だ。

私のコンサル時代にも、会話の矛盾点を見事に衝《つ》いた質問を繰り返しながら、商談相手を論破するのが大好きな人間が複数いた。

もちろん相手に嫌われるから仕事は取れないし、いざプロジェクトが開始しても相手を論破し続けて人間関係を台無《だいな》しにするから、メンバーから外さざるを得ない。

結果として、会社を去らなければならなくなるというわけだ。

笑い事ではなく、年齢を問わずここ最近こうした人たちが増えている。

もう少し人間というものを勉強して、最低限の常識を身につけないと、自分の人生が台無しになってしまうことに早く気づいたほうがいい。

綺麗事《きれいごと》を抜きにして言えば、人はみな平等ではない。

人と人には確実に上下関係が存在するし、その上下関係の判断を見誤ることで様々な事件に発展してきたのが人類の歴史だ。

原則、資本主義社会においては、お金を払うほうが上で、もらうほうが下だ。

「いくらお金を積んでもその人でなければならない」という例外を除いて、格上であるお客様の気分を害してはならないのだ。

この原則をただ知っているだけではなく、行動に落とし込んで習慣化できていなければ、間違いなく貧乏になる。


世の中はロジカルな因果《いんが》関係で成り立っているわけではなく、人の好悪といった感情で成り立っているのだ。


歴史の勉強をしているとすぐに気づかされるが、その時代の権力者の気分次第で社会は大きく左右されるものだ。

理路整然《りろせいぜん》としたロジカルな理由からではなく、その時の王様の機嫌《きげん》で世界は大きく揺り動かされ続けてきたのだ。

もちろん、人間社会というのはすべてが感情に従っているわけではなく、動物的な本能を剥《む》き出しにしないように理性で抑制《よくせい》している。

しかし、切羽《せっぱ》詰まった状況や究極の選択を迫られた場合、人の感情は理性を軽く凌駕《りょうが》する。

世の中は、ロジカルな正しさよりも、その場の思いつきや気分で決まることのほうが多い。

商談で相手を論破して勝ち誇っている人は、自分が完敗していることに気づくべきだ。

相手を論破することには何のメリットもないことを肝に銘じよう

No.19

1つの質問をするために
100個の質問を考えておく。

たくさん質問をする必要はないが、たくさんの質問を考えておく必要はある。

講演でも、いい質問をする人は絶対に複数の質問をしない。これは主催者側の裏常識だ。

いい質問は必ず1つで、その質問には魂が込められている。

複数の質問よりも、1つの質問のほうが鋭い内容なのだ。

私はコンサル時代に、鋭い質問をしてきた講演参加者と親しくなったことがあるが、彼らの共通点は、1つの質問をするために膨大《ぼうだい》な事前準備をしていたことだった。

要は、たった1つの質問をするために、100個の質問を考えていたということだ。

そして当日は、100のうち99を捨てて、上澄《うわず》みの1のみを質問したというわけだ。

上澄みの1が鋭い質問にならないわけがない。

これに対して、複数の質問をしようとする人は、本当にそれだけしか考えていない。

複数に分散するということは、保険をかけるということだ。

しかも、その場にいる参加者全員の時間を奪って保険をかけていることになる。

そうした質問者の依存心《いぞんしん》や無神経さがすべて総動員されて、無駄に脂肪率の高い贅肉《ぜいにく》がついた質問になってしまう。

こういうことを聞くと、「最初から質問は1つと言ってくれればいいじゃないですか！」とすぐに人のせいにして、もたれかかってくるのも複数の質問をする人の特徴だ。

能力の低さばかりではなく、人間性の低さも露呈《ろてい》してしまうのだ。

100の準備をして99を捨て、1で勝負する人はそういうダサいことを断じて言わない。

会議でも商談でも、地味だけど中身の濃い質問をしようと思ったら、とにかく事前準備を徹底することだ。

会議も商談も、事前にテーマはわかっているのだから、想定されるすべてのことを考慮《こうりょ》して質問を考えるのだ。

そうすれば、100個の質問なんてあっという間に考えることができる。

100個の質問を挙げている過程で、質問が質問を呼ぶようになる。

ふと気づいたら、思わず100個を通過して、101個目の質問が出てくる。

この101個目の質問が、あなた〝ならでは〟の質問になるのだ。

100個目までの質問は、誰もが考えつく内容だが、101個目の質問は、あな

たにしか考えつかない内容だ。

これを習慣にするだけで、あなたは放っておいても一目置かれる存在になるだろう。

しっかりとした事前準備こそが、魂のこもった質問を生む

No.20

簡単な質問ほど真剣に、難しい質問は楽しそうにする。

簡単な質問だけど、ちゃんと聞いておかなければならないことがある。

その時に、「簡単な質問で悪いのですが……」「当たり前の質問で申し訳ありません」と、いちいち前置きしないことだ。

特に相手が一流のプロであればあるほど、簡単な質問にも真剣に答えてくれる。

なぜなら、一流のプロということは、飽《あ》くなきまで初歩・基礎を徹底してきた結果であり、彼らは今も初歩・基礎を追求し続けているからだ。

私はこれまでに、3000人以上のエグゼクティブと対話をしてきたが、とりわけ一流の人ほど初歩・基礎を徹底しており、「当たり前のことを徹底してやる」方針だった。

だから、簡単な質問ほど相手に畏怖《いふ》の念を抱いて真剣にすることだ。

あなたが真剣に質問をすれば、相手も必ず真剣に答えてくれる。

反対に、難しい質問をする時ほど、深刻な顔をしないように注意することだ。

難しい質問は、楽しそうにすることだ。

これは、数学や物理の難問に挑む際のコツと同じだ。

数学や物理に苦手意識を持っている人は、難問を見ると、「難しい」と深刻な顔をする。

これに対して、数学や物理が得意な人は、難問を見ると「面白そう」と目を爛々《らんらん》と輝かせる。

人生の問題でもこれは同じで、難しい問題に直面して深刻な顔をすると、もうその問題は解くことができない。

難しい問題に直面したら、たとえ痩《や》せ我慢《がまん》でもいいから「面白そう」と口に出して言ってみることだ。

「面白そう」と口に出して言ってみるとわかるが、その表情は深刻ではないはずだ。人は、深刻な表情をしたままで「面白そう」と言うことはできないからだ。

表情というのは、そのまま脳に直結しているから、脳も楽しんでその問題を解決しようと全身に指令を出す。

結果として、見事に難問を解決してしまうこともあるというわけだ。

一流の人たちは、学術的見地《けんち》からか、自らの実体験からかは別として、こうした仕組みを知っているから、難しい問題こそ楽しんで考えるし、楽しんで難しい問題を解決しようとする姿勢の人を好む傾向が強い。

ここは1つ、あなたも騙されたと思って「難しい」を「面白い」に言い換えてみよう。

「難しい」のではない。
「面白い」のだ

第3章

自分を成長させる「質問の仕方」

No.21

「素人《しろうと》目線を大切にしたいため、事前準備はあえてしていません」で永久追放。

取材・インタビューで注意しなければならないのは、絶対に次の発言をしてはいけないということだ。

「素人目線を大切にしたいため、事前準備はあえてしていません」

この発言をした途端《とたん》、永久追放だ。

私がこんなことを言うまでもなく、すでにマスコミ業界では、一流の人や組織から出入り禁止にされたり、本当に永久追放されて消息《しょうそく》不明になってしまったりしている人は多い。

それは、一流の人や組織に対してなめた態度を取ったからだ。

少し勉強すればすぐにわかるが、一流の人や組織は裏ですべて繋がっている。

二流や三流には絶対にわからないようになっているが、一流の人や組織に嫌われると〝ブラックリスト入り〟させられてしまう。

一度ブラックリストに入ると、確実にその業界から永久追放される。

芸能界など、派手で目立つ業界のみならず、あなたの業界や会社でも、不自然な干され方をした人が必ず1人や2人くらいはいるはずだ。

それは、その人が格上の人に嫌われたからなのだ。

あなたが「会ってください」とアプローチした分際《ぶんざい》なのに、「素人目線を大切にしたいため、事前準備はあえてしていません」とやらかすのは、「お前如《ごと》きのために事前準備なんていちいちやっていられませんでした」と喧嘩を売っているようなものだ。

素人目線を大切にすることと、事前準備をしないことは、何ら関係がないはずだ。事前準備を周到にした上で、素人目線を大切にすればいいのだ。

そもそも〝素人目線〟というその言葉が、お客様をなめていることに気づくことだ。今の時代は、インタビュアーよりもお客様のほうが裏情報を知っている可能性もあるし、マスコミで働く人々よりも、遥かに学識も教養も格上のお客様が多いはずだ。あなたもよく知っている「実るほど頭を垂れる稲穂かな」という諺《ことわざ》があるだろう。

あれは本当の話だ。

準備不足で頭が空っぽのインタビュアーほど、その無能さと後ろめたさから虚勢《きょせい》を張り、その上さらに長居してますます嫌われる傾向が強い。

事前準備をしているインタビュアーほど、謙虚な姿勢で十分に吟味された深い質問をし、さらに終了時間5分前には爽《さわ》やかに去って、名残《なごり》惜しいと感じさせる傾向が強い。

どんなことでも、事前準備をしないことの理由にはならない

No.22

質問のための質問から卒業する。

就活の初期段階でよくやらかすのが、質問のための質問をしてしまうことだ。

他人事だと思わず笑ってしまうかもしれないが、あなたも質問のための質問をしたことが一度ならずあるはずだ。

就活生ならまだしも、30代や40代になったいい社会人の中にも、質問のための質問をしてご満悦という人をたまにお見かけする。

どうやらこれは年齢に関係なく、習慣の違いによるもののようだ。

傍《はた》から見ているとよくわかるが、質問のための質問をする人は、頭が弱く見える。

間違っても、その人に組織のリーダーをやってもらおうなどと思う人はいないだろうし、できれば、そんな痛い人とは関わりたくないと思うはずだ。

だが、質問のための質問をしている人は、自分が痛い人だとは気づいていない。

それが質問のための質問を繰り返す人の特徴なのだ。

質問のための質問をしていると、知らぬ間に干されてしまうからあなたも注意が必要だ。

質問のための質問をしないようにするコツは簡単だ。

「質問はありますか？」と言われてから質問を考えるのではなく、「質問はあります

か?」と言われる前から質問を考えながら話を聞いておくことだ。

質問箇所を探しながら話を聞いていれば、必ずわからない部分がいくつも出てくる。

それをその都度《つど》メモしておくと、「質問したいことベスト3」があっという間に決まる。

相手の話が終わって「何か質問はありますか?」と言われたら、電光石火《でんこうせっか》の如く挙手をして、ベスト1の質問をすればいいのだ。

こうすれば、その場にいる人たちからも「いい質問だ」「その質問をしてくれて助かった」と一目置かれるようになる。

すでにお気づきのように、**質問のための質問をしてしまう理由は、相手の話をよく聞いていないからだったのだ。**

これは質疑応答の機会があると事前にわかっている場合のみならず、人の話を聞く際の習慣にしてしまえばいい。

メモを取りながら人の話を聞いていると、相手も安心するし敬意を払われているように感じて、よりいい話をしたいと思うものだ。

メモは自分のためだけではなく、相手のためにも取ったほうがいいのだ。
何も質問がないということは、その話が退屈でつまらなかったという意思表示なのだ。

相手の話をよく聞くことが、いい質問を生む

No.23

質問したら教えてもらって当然という甘えから卒業する。

世の中にはいい歳をして「質問したら教えてもらって当然」と考えている人がいる。インターネットで誰もが自由に質問できるようになり、同時に、どこかの誰かが親切にも教えてくれるようになった。

これをリアル社会で一流のプロに対してやらかす人も増えてきた。

とても初歩的で大切なことだが、知識というのは人類の力の結晶である。

知識があるかどうかで、裕福になるか貧しくなるかが決まることもあれば、生きるか死ぬかが決まることもある。

それほど圧倒的な力を持つ知識を、お手軽にタダで拝借《はいしゃく》できると思ったら大間違いだ。

特に日本人というのは、昔から菓子折り1つ持参して、「知恵を拝借」と軽々しく相談を持ちかけてくる輩《やから》が多かった。

目に見えないものは無料だという思い込みがあるのだ。

これが、欧米の先進国で盛んになっていたコンサルティングサービスを、日本にそのまま輸入しようとしたときに、馴染《なじ》むまで長時間を要した理由だ。

たとえそのアドバイスによって何億円の利益が期待できたとしても、「ありがとう」とお礼を言って食事をおごっておけば大丈夫という発想なのだ。

こうした背景もあって、日本ではもともと目に見えない知恵を軽《かろ》んじる傾向が強い。

だが、時代は明らかに変わっている。

先に述べたコンサルティングサービスは、日本でもかなり浸透《しんとう》してきたし、市場としても認知されてきた。

つまり、**お手軽に「知恵を拝借」できない時代に突入したということであり、知恵にこそお金を払わなければならない時代が到来したということだ。**

目上の人に対して質問をする際には、お金を払わなくてもいいにしても、根底には揺るぎない敬意を払う必要があるのだ。

ちなみに私は、コンサル時代から今日に至るまで膨大な質問をされ続けてきたが、教えてもらって当然といった姿勢の相手は無視するか、何ら効果のないだろう退屈極まりない模範解答を囁《ささや》いておいたものだ。

私の場合は、知恵こそがビジネスの要になってくるから、「知恵を拝借」と考えるような相手はお客様にはなり得ないし、プライベートでも関わりたくないのだ。

もしあなたが質問をして教えてもらえたら、その奇跡に心から感謝することだ。

!

知識は簡単に手に入るものではないことを肝に銘じよう

No.24

これまでに自分がイラッとさせられた質問を分析しておく。

普通に生きていれば、誰だってイラッとさせられた経験は数え切れないほどあるだろう。

中でもイラッとさせられる質問の仕方のサンプルは、無限に存在するはずだ。

電話でしつこく質問されてイラッとさせられた。

訪問販売員のいやらしい質問にイラッとさせられた。

役所の傲慢《ごうまん》な質問にイラッとさせられた。

会社の後輩から質問された際にどこかイラッとさせられた。

会社の先輩から質問された際に無性《むしょう》にイラッとさせられた。

イラッとした質問だけで1冊本が書けてしまえそうなくらい、豊富な事例で溢れ返るはずだ。

そうしたイラッとする質問は、一歩突っ込んで分析をしておくことだ。

どうしてこんなに自分をイラッとさせることができたのか。

どうして自分はこんなにイラッとしてしまったのか。

イラッとした質問を分析することによって、様々なことが浮き彫りになってくるのではないだろうか。

自分が苦手としている分野の質問をされると、人は嫌な気分になる。

初対面の相手に家族のことを根掘《ねほ》り葉掘《はほ》り聞かれると、人は嫌な気分になる。

逃げ道を塞《ふさ》がれると、人は嫌な気分になる。

自分がされて嫌なことは、他人にやらないことだ。

不思議なことに、人は意識しておかないと、自分がされて嫌なことをそのまま別の誰かにやらかしてしまう生き物なのだ。

たとえば、いじめっ子といじめられっ子がその典型だ。

いじめっ子はもともと誰かにいじめられた経験があるから、他の誰かをいじめているのだ。

いじめられっ子はもともと他の誰かをいじめた経験、もしくはそうした素質があるからいじめられているのだ。

昔の軍隊や体育会の〝しごき〟も、いじめっ子といじめられっ子の関係とまさに同じだ。

要は負のスパイラルは他人のせいにするのではなく、自分で断ち切る覚悟を持つことが大切なのだ。

あなたをイラッとさせた相手は、いずれ必ず地獄を見るから放っておけばいい。

「イラっとさせられた質問」は、優れた反面教師

No.25

感じのいい相手の質問を分析して、自分に落とし込む。

あなたの周囲にいる感じのいい人を観察してみよう。

その人は、とても感じのいい質問をするはずだ。

あなたにも取り入れられる部分があれば、積極的に取り入れなければもったいない。

どうしてその人の質問の仕方に、あなたは好感を持つのだろうか。

私自身の経験をいくつか挙げておくと、感じのいい質問をする人の共通点はこんな感じだった。

約束の時間に遅刻しない。

落ち着いた服装をしていて、あくまでも自分は引き立て役に徹している。

事前にこちらの発信している情報にすべて目を通していることが、さり気なく伝わってくる。

こちらのことを心の底から尊敬していると、最後の瞬間まで見事に演じ切る。

翌日までに必ずお礼メールか、場合によってはお礼状が届く。

以上はほんの一例だが、あなたはこれを叩き台にして、次々に感じのいい質問をする人の特徴を追記してもらいたい。

自分の人生を輝かせるために確実に前進していけるのだから、真似せずにはいられないはずだ。

たとえば、**100の特徴が挙げられた人は、1日に1つずつ真似をしていけば3ヶ月と少しでひと通り習得したことになる。**

あとは、日々何度もチェックをして楽しく復習することで、習慣化させ、自分のスタンダードにしてしまうことだ。

英単語のように頭で暗記するのではなく、体に憶えさせるイメージだ。

丸暗記の英単語とは違い、毎日1つずつ試すだけで全身の細胞に刷り込まれるように浸透していく。

本当に地味な作業だが驚くほど効果的だから、きっとあなたは苦にならずに継続できるはずだ。

1年も継続して習慣化することに成功すれば、あなたは立派に感じのいい人の仲間入りを果たすことができるだろう。

だからこそ最後に強調しておくが、前項で述べたイラッとする質問だけはしないことだ。

あなたがどんなに健康体でいても、わずか一滴の猛毒で死に至るのとまさに同じだ。

1日1つの〝真似〟をして、感じのいい人の仲間入りをしよう

質問するか迷った場合は、それが自分のためであればSTOP！

質問をする際に、躊躇《ちゅうちょ》してしまうことがある。
躊躇することは悪いことではない。
躊躇するということは、それだけあなたが成長している証拠だからである。
そもそも成長していない人は、躊躇なんてしないものだ。
さて、あなたが質問するか迷った場合は、もしそれが自分のための質問であれば
やめておいたほうがいい。
なぜなら、迷うということは天秤《てんびん》が釣り合った状態であり、そこから先の自分の
ための質問というものは、自分にとってメリットがあると考えた結果のものである。
つまり、決断の決定打は〝自分のメリット〟ということになるわけだ。
一般に、迷った挙句《あげく》の質問は、半分の確率でウケるが半分の確率で外す可能性が
ある。
私もこれまでに「これは賭けになるな」という質問をしたことは何度もあるが、半
分はウケたが半分は外したものだ。
ここで大切なのは、外した半分である。
今思い返せば、外した半分には途轍もないチャンスとの出逢いが眠っていた可能

性があると痛感する。

否、私にとってはもうすでに終わったことなのだから、どうでもいいと言えばどうでもいいことなのだ。

それよりも大切なのは、読者であるあなたには半分も外してもらいたくないということだ。

私の反省点としては、迷った場合に、相手より自分のメリットを優先して質問した際に外したことが多かったということだ。

たとえば、商談でお客様のためではなく、自分の売上のために質問をしたというように。

質問する直前に、「自分のためか相手のためか」を胸に手を当てて聞くだけでいい。

自分に素直になれば、結論は一瞬で下せるはずだ。

最近になってつくづく思うのだが、最後の最後まで迷った場合には、できればその質問をしないほうが幸せな結果になることが圧倒的に多い。

ほとんどの不幸は、迷った挙句に最後に口に出してしまったことがきっかけになる。

以上はあくまでも迷った場合に限った話であって、迷いもしない場合には自分を信じて質問すればいい。

〝自分のメリット〟を優先した質問が、不幸な結果を生むことがある

No.27

質問するか迷った場合は、それが相手のためであればGO！

これまでに、私が質問しようかどうか迷ったけれど、思い切って質問した場合、結果が吉と出た場合を分析してみた。

すると、すぐにその答えが浮き彫りになってきた。

迷った挙句、相手のためを思って質問した場合には、良い結果を招くことが多かったのだ。

これは簡単なようで意外に難しい。

頭では理解できても、体はなかなか動かず、習慣化するのも困難だからである。

なぜなら、**人は放っておくとつい自分の都合のいいように考えて、本当は自分のメリットのためであるにもかかわらず、相手のためのふりをする天才だからである。**

何を隠そう、私自身もその1人だ。

もちろん、それでこれまでたくさんの失敗をしてきた。

だからこそ、あなたには同じ過ちを繰り返してもらいたくないのだ。

過ちはゼロにはできないかもしれないが、最小限でとどめるに越したことはない。

たとえば、その質問は確かに相手のためだが、その質問をすることによって契約がもらえなくなるかもしれないとしよう。

この場合、多くの人はあれこれ理由をつけて黙っているものだ。

目先の利益が欲しいからだ。

とりわけ自動車や保険、マンションなど高額商品になれば、それだけ自分の成績にもなるから尚更《なおさら》である。

念を押しておくが、あなたが迷わない場合はこの限りではない。

余計なことなど気にしないでバリバリ契約を獲得しなければ、あなたの雇用が更新されない場合などがそれに当てはまる。

だが、あなたが本当に迷った場合であれば、たとえ契約がもらえなくなるリスクがあってもその質問をしてみよう。

意外なことに、「正直に言ってくれてありがとう」と感謝されて、より信頼関係が深まり、気持ち良く契約を結んでくれるかもしれない。

あるいは、感謝はされたものの、やっぱり契約はもらえなくなる場合もあるだろう。

ここで大切なのは、契約がもらえなかった場合だ。

その何倍もの幸運が、人・場所・時を変えて、確実にあなたに巡り巡ってくるのだ。

〝相手のための〟質問は、結果的にあなたにメリットをもたらす

No.28

発言した回数より、発言を抑えた回数。

「わからないことがあったら何でも聞け」

あなたも新人の頃に、こんな言葉をかけてもらったことがあるだろう。

だが、いくら新人でも、入社して1ヶ月が過ぎた頃にも同じことを聞いていれば、さすがに周囲から鬱陶《うっとう》しがられる。

「わからないことがあったら何でも聞け」というのは一種の社交辞令であり、その続きの「早く一人前になって貢献《こうけん》してね」という、言葉にならない部分に真意はあるのだ。

聞く回数の問題ではなく、そこで成長してもらうことが目的なのだ。

会議や商談でもこれは同じで、どれだけ発言したのかは問題ではない。

もちろん発言しないのは問題外だが、**どのタイミングでどれだけ質の高い発言ができたのかが大切なのだ。**

では、ベストタイミングで質の高い発言をするコツは何か。

それは発言を抑えることだ。

換言すれば、**発言を抑えるということは、それだけあなたに持ち駒がたくさんあるということに他ならない。**

持ち駒がたくさんあるということは、それだけ事前に考えてきた証拠だ。

また、普段からよく考えている証拠でもある。

発言を抑えるということは、放っておくと自分1人だけで時間がオーバーしてしまいそうなところを、周囲のために発言の機会を譲ってあげている状態にすることだ。

恥ずかしがって発言しないという意味ではない。

これが、準備を万端《ばんたん》にするということなのだ。

商談も、相手の質問や反論はすべて想定内となるように準備をすることで、あなたは余裕を持って構えていられるようになる。

余裕を持って構えていると、発言を抑えることができる。

発言を抑えることができず、つい負けん気を剥き出しにしてしまうのは、あなたの準備が不足しているということだ。

会議でも商談でも、あなたが圧倒的な準備さえしておけば、いくらでも相手に話をさせることができる。

まるで大人と子どもの関係のように、あえて相手を優位に立たせてあげるくらい

でいい。

それがプロの準備というものなのだ。

! あえて発言の機会を譲ることができるくらいの準備をしよう

No.29

会議でいい発言をする人の会議以外の習慣を教えてもらう。

私は2社でサラリーマンを経験したが、いずれの会社でも会議で抜群の発言をする人がいた。

最初の頃は、その人の発言ばかりを真似しようと試みたが、どうも上手くいかなかった。

それもそのはず。

人はそれぞれ顔も違えば体躯《たいく》も違い、学歴やそれまでの実績も違う。

表面上の発言だけをいくら真似しても、その人になることなど永遠にできないのだ。

当たり前と言えば当たり前だが、これを本当に理解している人はほとんどいない。

そこで私は、彼らの会議以外の習慣を知ろうと、直接聞いてみた。

いずれも共通点として浮き彫りになってきたことは、読書家であることだった。

しかも読む本のジャンルも重なっていた。

歴史小説と哲学書だ。

歴史小説とか哲学書と聞くと、「何だ、やっぱりもともと頭がいいのか……」とあなたは落胆《らくたん》するかもしれない。

だがそれは違う。

なぜなら、あまり大きな声では言えないが、彼らの中にはお世辞《せじ》にも一流大学出身者とは呼べない人もいたし、歴史小説や哲学書にも実は平易《へいい》なものがたくさんあるからだ。

私はその内の1人から歴史書をプレゼントしてもらったが、専門的なものではなく、誰にとっても読みやすく書かれたものであった。

大切なことは、生まれつき頭がいいことではない。

どんなにお子様向けの初歩的な本でもいいから、歴史と哲学に触れて概要を掴《つか》むことが大切なのだ。

歴史書を読めば様々なシチュエーションに応じて、いったい人はどんな行動をとるのか大まかなパターンのようなものが次第に見えてくる。

そして、政治も経済も会社の経営も、必ず栄枯盛衰《えいこせいすい》があるという自然の摂理《せつり》が理解できる。

哲学書を読めば、物事の本質とは何かを考えようとする癖《くせ》がつく。

本質を理解することはできなくても、常に本質を探り続けようとする姿勢が身につく。

以上はあくまでも私が読書好きということもあり、腑《ふ》に落ちた事例を紹介しただけだ。

あなたは身近な師匠から会議以外の習慣を見つけ、それを自分のものにすればいい。

表面的な真似をするのではなく、本質的な理解を深めよう

No.30

出世のコツは、決定権者好みの質問をすることだ。

サラリーマンである限り、出世を否定してはならない。

なぜなら、サラリーマンは出世をしなければ自由度が増さず、自分の好きなことができないようになっているからだ。

これればかりは、自分が実際に出世しなければわからない。

「出世したらしたで大変だよ」という決まり文句は、上司が部下たちに下剋上《げこくじょう》されないように洗脳するための言葉なのだ。

もしあなたもサラリーマンをやっているのであれば、ぜひ正々堂々と出世を目指してもらいたい。

出世するためのコツの1つに、いい質問をするということが挙げられる。

出世するためのいい質問とは、IQの高い人にしか理解できない難しい質問ということではない。

出世するための質問とは、あなたの人事を決定する人物が喜びそうな質問のことだ。

要は、決定権者好みの質問をすることが、出世するコツなのだ。

あなたはすでにご存知《ぞんじ》のように、会社の会議ではすでに答えが決まっている。

会議の参加者の中で一番権力のある人間の頭の中に、答えがあるのだ。

より正確には、その権力者のさらに上に真の権力者がいて、真の権力者の頭の中に答えがあるのだ。

つまり、その答えを洞察した上でどんな質問をすればいいのかを逆算するのだ。

たとえば、権力者が新規事業を立ち上げたいと思っているのに、コスト削減のために余計なことをしない方向へ導くような質問をしてはならないのだ。

あるいは、権力者がコスト削減のために余計なことをしたくないと思っているのに、新規事業の立ち上げの方向へ導くような質問をしてはならないのだ。

こうして文字にすると面白おかしく読めるかもしれないが、現実にはこんな過ちを犯して干されるサラリーマンは後を絶たない。

優秀な人ほど持論を展開しがちなので、本当に注意が必要だ。

決定権者の頭の中を覗《のぞ》きたければ、本人と直接親しくなるのが一番だが、それができないなら、腰巾着《こしぎんちゃく》と親しくなって情報を逐一《ちくいち》聞き出すのもいい。

会議中は、出世頭や腰巾着の顔色や発言を観察しながら、求められる答えを洞察しよう。

あとは大分類として、会社の業績や社長の訓示《くんじ》などには、まめに目を通しておくことだ。

権力者の考えていることを理解し、彼らが喜ぶ質問をしよう

第４章

コミュニケーションを円滑にする「質問の仕方」

No.31

威《い》張《ば》って質問しない。

質問者がどれだけ注意を払っても払い過ぎることがないのが、威張って質問をしないということだ。

質問者は誰も自分が威張っているとは気づいていないが、人は質問をする立場になると自然に威張ってしまうものだ。

これは、人が自分の身を守るための防衛本能なのだ。

質問するということは教わる立場であり、自分が格下という証《あかし》だ。

つまり、質問者は弱者ということであり、つい虚勢を張ってしまうのだ。

中には、わざと相手が答えられないような質問をすることで、自分がなめられないように躍起《やっき》になる人間もいるが、あれだけはやめたほうがいい。

そんなことは相手に100％見抜かれているし、会う人すべてに嫌われ続けて四面楚歌《しめんそか》の人生になるのがオチだ。

質問する際には、とにかく自分が格下である事実を受容して、ひたすら謙虚に聞くに限る。

反面教師として学ぶべきものが多い教材は、テレビの討論番組や、要人に対するマスコミの記者会見だ。

これらの教材は、質問する側が常に極限状態まで威張っており、見ているこちらまで腹が立ってくるくらいだ。

もちろん、あえて相手を怒らせることでいい情報を引き出したり、要人にあえて生意気に質問することで大衆のルサンチマンを解消して視聴率を上げたりする効果もある。

だが、あらゆる理由を凌駕《りょうが》して、質問者が偉そうにする行為は、自然の摂理に反する行為で醜《みにく》いものだ。

そして自然の摂理の奥が深いことは、威張って質問している人が、通常は年内に、遅くとも数年後には、今度は自分が謝罪会見をする立場に落ちぶれているという法則があるというところに垣間《かいま》見られる。

そうならないためにも、あなたが質問する立場になったら、ぜひ威張って質問しないことを意識してもらいたい。

以上はあくまでも威張って質問した場合の話であり、感じのいい質問をした場合はこれと正反対の人生が待っている。

会う人すべてが仲間になって、あなたの応援をしてくれるようになるのだ。

あなたの質問する姿勢が、あなたの人生を創造するのだ。

質問者は弱者であることをわきまえて、感じのいい質問を心がけよう

No.32

「何を聞いたら喜ぶか」
より、
「何を聞いてはいけないか」

会議や商談の席を成功させる第一段階は、他人を喜ばせることではない。

他人を喜ばせる以前に、他人を不快にさせないことが大切なのだ。

どんなに他人を喜ばせても、不快にさせた瞬間、すべてが水泡《すいほう》に帰《き》すのだ。

だから、「何を聞いたら喜ぶか」ではなく、まず「何を聞いてはいけないか」を真っ先に見抜くべきなのだ。

たとえば、男性は〝低い〟ことに関して強烈なコンプレックスを抱く。

「身長」「社会的地位」「年収」「学歴」が低いことにコンプレックスを抱かない男性はまずいない。

あるいは、女性は〝醜い〟ことに関して強烈なコンプレックスを抱く。

「顔」「スタイル」「職業や社名」「身に着けている物」が醜いことにコンプレックスを抱かない女性はまずいない。

以上のことに直接触れるようなことを口にするのは問題外として、たとえ間接的にでも彷彿《ほうふつ》させる質問は危険だ。

コンサル時代にはプロジェクト開始前に、私はメンバー全員に、「何を聞いてはいけないか」というNG質問を徹底して刷り込んだものだ。

誰か1人がうっかりNG質問をした瞬間、プロジェクト進行に支障をきたすという苦い経験を嫌というほどしてきたからだ。

仕事で人間関係を継続させたければ、相手を喜ばせるよりも相手の嫌がることをしないほうがずっと大切なのだ。

あなたは意外に思うかもしれないが、相手をイラッとさせるNG質問を知ってそれらを徹底して排除するだけで、あなたの評価は相対的に急上昇する。

なぜなら、10人中9人は相手を喜ばせることばかり必死に考えて、たった一度のNG質問をしてしまい、相手の逆鱗《げきりん》に触れて干されるからだ。

インタビュアーの多くが、二度目はもう会ってもらえないために生活ができなくなっていくのは、相手を喜ばせることばかり考えて相手のNG質問に注意しないからだ。

こうして本を読んで勉強していなければ、誰もこうした真実など教えてはくれない。

ここだけの話、コミュニケーションを円滑にしたければ、あなたは相手を喜ばせることを考える必要はない。

相手を喜ばせるのは他の誰かに任せて、あなたは相手にNG質問をしないだけでいい。

たった一度のNG質問が、命取りになる

No.33

自分からアポを取ったなら、謙虚な姿勢を終始貫く。

仕事では原則、格下の人間が格上の人間に「会ってください」と頭を下げてアポを取る。

ところが興味深いことに、自分から頭を下げて会ってもらったのに、その場になると態度が豹変《ひょうへん》する人もいる。

最初に卑屈だった人間ほど、急に高飛車《たかびしゃ》になるのだ。

つまり、卑屈な人間と高飛車になる人間は同一人物だということに気づかされる。

最初に卑屈なのは、もともと高飛車である自分を隠蔽《いんぺい》するためであり、高飛車に出るのは、もともと卑屈である自分を隠蔽するためなのだ。

アポを取られる格上の人間は最初のうちはこれに少々戸惑《とまど》うのだが、次第に慣れてきて「やれやれ、またこのパターンか」と見切りをつける。

もちろん、とっておきのネタを披露《ひろう》することもなく、当たり障《さわ》りのないことを適当に話してその場は終了だ。

結果としていい話など引き出せるはずがないのだ。

だから100％の確率で、こうした〝豹変人間〟は仕事ができない。

当たり前と言えば当たり前の話だ。

〝豹変人間〟は社内でも嫌われてウンザリされているから人望がないし、社外では仕事が次々に途切れていくからだ。

つまり〝豹変人間〟に出世はないのだ。

これに対して、最初からごく自然に低姿勢だった人は、終始その姿勢を貫き通す。否、正確に言えば、会ってもらった相手に対して別れ際に最初以上の敬意を払う。

そうすると格上の相手としては素直にそのインタビュアーに好感を持つ。

人は好感を持った相手には、とっておきのネタをどんどん披露してつい話し過ぎてしまうものだ。

結果として、特ダネをどんどん引き出せるということだ。

もちろん、終始低姿勢なインタビュアーは社内外で好かれるから出世もしやすい。

同じ組織に属するインタビュアーでも、この人ならOKだけど、あの人ならNOという状態になるのだ。

私は事前に先輩の成功者たちからこうしたインタビュアーたちの実態を聞いていたが、本当にその通りで思わず笑ってしまったくらいだ。

仕事に限らず分を知るというのは、人間社会では最低限の暗黙のルールなのだ。

出世したければ、分をわきまえ低姿勢を心がけよう

No.34

雑談中の言い間違いを指摘すると、そのご縁は流れる。

雑談している最中に人間観察をしていると、そのご縁が続くか途切れるかがすぐにわかる。

圧倒的な実力があるがゆえの〝孤独〟ではなく、無能な上に単なる嫌われ者に過ぎない〝孤立《こりつ》〟で日々寂しい人生を送っている人は、**雑談が下手なのだ。**

雑談が下手な人の典型的な具体例を公開しよう。

それは、相手が気持ち良く話をしている最中に、間違いを指摘してしまうことだ。人の会話の中には数値や固有名詞が無数に出てくるが、その都度それらを訂正しないと気が済まない性分《しょうぶん》の人間がいるのだ。

あなたもこれまで雑談中に自分の言い間違いを指摘された経験が何度かあると思うが、今思い出しても殺意を抱くほどイラッとするはずだ。

もう二度とその相手の顔を見たくはないだろうし、ましてや一緒に仕事などできるはずがない。

それを、あなたが誰かにやらかしてはいけないということだ。

私がこれを痛感したのは、最初に入社した損害保険会社の研修中だ。

露骨に表に出ることはないが、大企業では人材に松竹梅という明確なランクづけがされている。

「松」は将来の取締役候補、「竹」は将来の中間管理職候補、「梅」は子会社や孫会社への出向《しゅっこう》社員候補だ。

これは採用段階ですでに決まっており、二流や三流大学から超一流企業に入社できたとはしゃいでいても、所詮《しょせん》は「竹」と「梅」扱いだから原則として生涯浮かばれることはない。

「松」は将来会社の代表として新聞や雑誌にプロフィールが掲載される機会もあるから、会社のブランドを維持させるために、出身大学が毛並みのいい一流である必要があるのだ。

さて、ここで私が勉強になったのは「竹」組の雑談中の特徴だ。

研修中には暗黙のうちに、松竹梅ごとにグループ分けがされていたが、「松」組に絡みたがる「竹」組は非常に多かった。

「梅」組は最初から自分たちが昔の中卒・高卒代わりであることを承知していたが、「竹」組の負けん気は鬼気《きき》迫るものがあった。

「竹」組は「松」組の雑談に紛《まぎ》れ込んで、必死で言い間違いを指摘し続けていたのだ。

これでは将来「松」組から嫌われて、「竹」組から「梅」組に降格させられかねない。

私はこうした世の中の縮図を1次情報として、生で獲得できただけでも感謝している。

言い間違いを指摘することに何のメリットもないことを知ろう

No.35

雑談中に反論があったら、深く唸《うな》って復唱しておく。

雑談中にどうしても反論せざるを得ない場合の、とっておきのコツを公開しよう。深く唸って復唱すればいいのだ。

たとえば相手が「原発賛成」と主張しているけれど、あなたがそれに反対意見を持っているとしよう。

その場合は「私は原発反対」だとか「何が何でも原発はダメ」と興奮するのではなく、深く唸って「原発賛成……」と相手の言葉を復唱するのだ。

この際に〝深く唸って〟という部分が大切になってくるのだが、気持ちとしては「これはきっと逆説的で深い意味が込められており、自分の力量不足で理解できないのだろうな」というくらいでちょうどいい。

小さいけれど力のこもった声で復唱するということだ。

そうすると相手は、あなたに対して、より「原発賛成」について説明を加えたくなる。

放っておいても、あなたは相手から一方的にレクチャーを受けることができて、楽チンである上に、相手を立てながらも実質的な主導権を握ることができるというわけだ。

人生に何度かは、ディベートで相手を完膚《かんぷ》なきまでにぶちのめさなければならないことがある。

しょっちゅうそんなことをしていれば、あなたは孤立無援《むえん》になり、生きていけなくなるが、勝負ではやはり勝たなければならないこともあるのだ。

私も就活中に複数の会社で「あくまでもディベートなので相手を完膚なきまでにぶちのめしてください」というお題が出されたことがあった。

この際も、私は頭脳明晰《めいせき》でリーダーシップ溢れるエリートが持論を展開している最中に、正面から反論などしないで深く唸って復唱し続けたものだ。

相手は私が賛成しているのか反対しているのかよくわからないが、気持ちが良くなってどんどん持論を展開し続けた。

そのうち他のメンバーが、「自分たちも何か発言しないと落とされてしまう」と焦《あせ》って、エリートの持論に対してお決まりの揚げ足取りを始める。

すでに述べた通り、揚げ足を取るのは弱者の唯一の戦い方だからこれはこれで正しい。

強者1人に対して弱者数人が揚げ足を取っているうちに終了時間も近づいてくる

から、最後に私が両者をアウフヘーベンさせた意見をまとめて試合終了となった。
ただ深く唸って復唱し、誰もが知る弁証法《べんしょうほう》の真似事をしていただけで連戦連勝だった。

「深く唸って復唱するだけ」の効果を理解し、活用しよう

No.36

反論するのではなく、質問して気づいてもらう。

雑談中に相手が間違ったことを言った際に、訂正したほうがいいこともある。

そのまま いくと会話の流れが間違った方向へ進んでしまうとか、その場で同席している他の人たちから話者《わしゃ》が失笑《しっしょう》を買ってしまう恐れがある場合だ。

もちろん、ここではあなたが相手と直接会話することを許された身分であることを前提とする。

私は今でもこうした場によく居合わせるが、この場合はもちろん、みんなの前で間違いを指摘して話者を恥さらしにしてはならない。

そんなことをやらかせば、あなたは話者から一生恨まれるし、あなたに隙《すき》があればいつか地獄に突き落とされるだろう。

本当に相手のことを思うのであれば、自分で気づかせるのだ。

自分で気づかせるためには、あなたが気の利いた質問をすることだ。

たとえば、相手が本来100と言うべきところを、1000と言い間違えたとしよう。

その際に空気の読めないバカはここぞとばかりに、「1000ではなくて100ですよ！」とやらかして干される。

こういう場合は「へぇ〜、その分野については何も知らなかったのですが、さすがに1000とは驚きですよね？」と本当に勉強になったと感謝しているかの如く、さり気ない質問で返すのだ。

かなりの確率で相手はピン！　と自分で気づいて、「おっとごめん、100だったよ、100。ハッハッハ〜」と引き続き気分を害することなく持論を展開し続けるだろう。

ごく稀に、それでも鈍《にぶ》くて気づかなかったり、もともと間違ったままで憶えていたりする人もいる。

そういう人はそっとしておいてあげよう。

もちろん相手が後輩や部下でちゃんと指導しなければならなかったり、大切な親友でこれから恥をかかないよう忠告しなければならなかったりする場合は別だ。

たいていの人間は間違いを他人から指摘されたくないものであり、指摘されればムッとするものだ。

これは善悪の問題を超越《ちょうえつ》した人間の本能だから、避けることはできない。

これはそのまま、あなた自身にも当てはまる。

他人が質問をしているのは、あなたに間違いを気づいてもらいたがっている可能性もあるのだ。

人は自分で間違いに気づけば不快には感じない

No.37

ＩＣレコーダーに頼るより、ふりでもいいからメモを取る。

最近は、インタビューでICレコーダーを利用する人が増えてきた。

私もコンサル時代には、インタビューでICレコーダーをよく利用させてもらったし、とても重宝《ちょうほう》した。

ここで興味深いのは、ICレコーダーが当たり前になってから、相手の話を聞く姿勢が悪くなってきたということだ。

相手の話を聞く姿勢がどこか軽くなってきたのだ。

それはICレコーダーに頼っているから、メモを取らなくてもいいと思っているからだ。

どれだけ話を聞き逃してもICレコーダーさえあれば安心と思っていると、それがそのまま相手に対する敬意を軽くしてしまう。

結果として会話に熱が入らないから、インタビューは失敗に終わるというわけだ。

否、正確には、現在はこのような「失敗インタビュー」が主流となってしまい、それがそのまま雑誌に掲載され販売されているから、ますますインターネット情報に駆逐《くちく》されて売れなくなっているのだ。

一流の人はわざわざインタビューをされるまでもなく、ブログやSNSで自分の意見を自由に伸び伸びと発信している。

そんな状況においても、「お、これは珍しくいいインタビューをしているな」と感じる記事に出逢うことがごく稀にある。

そうした質の高い記事を生んだインタビュアーたちの共通点は、必ずメモを取っているということだ。

これにはもう例外がない。

厳密には本当にメモを取っているのかどうかは疑わしいが、ふりでもメモを取ることで相手から話を引き出しやすい空気を創り出しているのだ。

私がコンサル時代に評価された仕事の1つに、ヒアリング調査があった。

顧問先の社内外で、文字通りあり得ないほどの極秘情報を、苦労することなくごく自然にかき集めるのが得意だったのだ。

真実の情報を集めることで、プロジェクトの質は格段に高まる。

「コンサルを超えたコンサルだ」とリピーターになってくれた顧問先も数多い。

私のヒアリング調査の特徴としては、一貫してメモを取り続けたということだ。

同席した部下よりも私のほうがメモ魔であったため、顧客から全幅《ぜんぷく》の信頼を獲得した。

「メモを取りながらだと話を聞くことに集中できない」は、無能の言い訳である。

！

質の高い情報を得たければ、メモを取ろう

No.38

いい質問とは、
相手がつい自慢するのを
抑えられなくなる質問のことだ。

私がコンサル時代にインタビューが得意だった話をすでに述べたが、同僚からそのコツは何かと数え切れないほど聞かれた。

いい質問とは、相手がつい自慢するのを抑えられなくなるような質問だ。

そのためには、相手が何にコンプレックスを抱いており、何を評価してもらいたがっているのかを洞察しなければならない。

コンプレックスとプライドは表裏《ひょうり》一体だから、どちらか一方を洞察すれば自然に両方が獲得できるというわけだ。

たとえば、中小企業の創業社長には学歴コンプレックスを抱えている人がとても多い。

お金持ちになったら学歴コンプレックスなんて消えると思っている人がいるが、それは大間違いだ。

お金持ちになってもその先は、高学歴集団による上流のお金持ちと低学歴集団による下流のお金持ちの世界に見事に分かれているのだ。

その溝は埋め難《がた》く、下流が上流に食い込める余地はない。

学歴コンプレックスがあるということは、自分は学歴が低いけどバカではないと認めてもらいたいわけだ。

そこでトドメの質問としてはこうなる。

「私も社長のように頭の回転が速くなりたいのですが、いったいどんな勉強をすれば、社長のように頭が良くなりますか？　私のような凡人でも真似できますか？」

反応は人により様々だが、心の中では誰もが「よくぞ聞いてくれた！」と感激している。

間違いなく相手はあなたのことが好きになって持論を展開し始めるだろう。

学歴コンプレックスを抱えた相手に対して、こちらから学歴の話題を振ってはいけないが、相手が学歴の話題を振ってきたら、これも途轍もないチャンスだ。

その瞬間に限り、あなたは一点の曇りもなく「学歴と頭の良さは何ら関係がない。むしろ反比例する」という発想に切り替えるのだ。

そしてひたすら相手の持論を拝聴《はいちょう》し続け、相手の頭の良さを認め続けるのだ。

学歴コンプレックスを抱えた相手は、「いかに学歴がアテにならないのか」を延々と語り続けるだろうし、エリートの悪口で一緒に盛り上がれば商談はほぼ成立だ。


他人の自慢話を聞くのが苦手な人は多いが、それではいつまで経っても貧乏人の

ままだ。

格上の人間は自分の自慢話を途中で遮《さえぎ》る格下の人間を、決して許さないものだ。

相手の自慢話を引き出す工夫をしよう

No.39

相手をメロメロにしたければ、
相手の自慢話を
掘り下げればいい。

誰からも好かれる必要は毛頭《もうとう》ないが、あなたが好かれたい相手にはやはり好かれたほうがいいだろう。

プライベートでも仕事でもモテモテになれば、確実にあなたは幸せなお金持ちになれるのだから。

相手から好かれたければ、相手をメロメロにすればいい。

では、人はどんな相手に対してメロメロになるのだろうか。

それは自慢話を掘り下げてくれる相手である。

コミュニケーションは難しいと考える人は多いが、問題を解決するためには複雑に考えるのではなく、常にシンプルに考えることだ。

円滑なコミュニケーションのポイントとしては、相手の自慢話をとにかく深掘《ふかぼ》りすればいい。

あなたはその分野に詳しくてもそうでなくても、相手に先生になってもらうわけだから関係ないのだ。

むしろ中途半端に詳しいのは、一番危険だと考えていい。

なぜなら、それについてなら自分も知っているという自負が、傲慢さとなって相手に伝わってしまう恐れがあるからだ。

それよりは、あなたが生徒役に徹し相手の話を傾聴《けいちょう》し、わからない部分を掘り下げていくというスタンスが望ましい。

掘り下げるコツをいくつか紹介しよう。

まず、相槌《あいづち》を打つタイミングが大切だ。

相槌を打つタイミングは、あなたが相手の話をちゃんと聴いているというメッセージであり、ちゃんと会話の流れに乗っているかどうかがここで判断されてしまう。

会話の中で「。」が登場した部分、そして相手が同意を求めて無言で熱い視線を送ってきた瞬間が相槌を打つタイミングだ。

次に、ややオーバーリアクションをとること。

相手と一緒に喜怒哀楽《きどあいらく》を示す際には、少なくとも相手に負けていてはいけない。深く頷《うなず》いたり、深く溜息《ためいき》をついたり、大声で笑ったり、思い切り悔しがったりするのだ。

そして、あなたがよくわからないところを、その都度適当に質問しておけば十分だ。

あとは放っておいても、相手が必死になって自慢話を深掘りしてくれる。

相槌とオーバーリアクションが、相手の話を深掘りしていく

No.40

自慢話を出し尽くした相手に「もう勘弁《かんべん》して」と言わせたら、勝ち。

自分は人からよく自慢されるタイプで、ウンザリさせられると愚痴《ぐち》を言う人がいる。

でも、本当はこういう愚痴を言っている本人こそが、正真正銘《しょうしんしょうめい》のウンザリさんであることが多い。

どうして自分がよく自慢されるのかを、一度よく考えてみるべきだ。

よく自慢される原因は、あなたが相手のことを認めていない器の小さい人間だというところにあるのだ。

だから自分のことを認めてもらえない相手は、あなたにひたすら自慢をし続けて認めてもらおうと必死になるのだ。

つまり、あなたが相手を認めずに自慢話から逃げれば逃げるほどに、相手はあなたを追いかけ続けて自慢話をしてくるということだ。

私は自慢話を聞くのは大好きだが、酔っ払いのように同じ話を延々とされるのは大嫌いだ。

どうしたら自慢話に一発で終止符を打てるかと言えば、自慢話を全部聞き切ることだ。

自慢話に限らず、同じ話を何度もされるのは、あなたが相手の話をちゃんと聞き切らないで途中で遮り、いつも相手に不満足感を残させてしまっているからなのだ。私は自慢話を聞く際には、相手に不満足感を残させないように、完璧に聞き取る。

6時間以上ノンストップで、ある社長の自慢話を聞き続けた経験もあるが、それ以来、もう二度と自慢話はされなかったし、リピーターとなってもらうこともできた。原則として、私は自慢話を聞く時には、相手に「千田君、もう勘弁して」と言わせるのを目標にしている。

相手が気持ち良さそうに自慢話をしている最中には、まるでその人が宇宙一の偉人であるかの如く丁重《ていちょう》に接し続けたものだ。

「自分の生涯でこんなに自慢を聞き尽くされた経験はない」と感激してもらえるまで、私は相手の自慢話を傾聴し続けたのだ。

「もう勘弁して」と言わせた相手は間違いなく私のことを好きになってくれたし、私もその相手のことが好きになった。

自慢話を聞き終わったあとに仕事がスタートしてもお互いに認め合っている関係だから、もう自慢話は出てこないというわけだ。

何度でも同じ自慢話を引き寄せる原因は、100%自分自身の未熟さにあるのだ。

相手の自慢話を聞く姿勢こそが、
あなたの人間力の表れ

千田琢哉著作リスト

（2017年2月現在）


『超一流は、なぜ、デスクがキレイなのか?』

『超一流は、なぜ、食事にこだわるのか？』

『超一流の謝り方』

『自分を変える 睡眠のルール』

『ムダの片づけ方』

『どんな問題も解決する すごい質問』


〈ソフトバンク クリエイティブ〉

『人生でいちばん差がつく20代に気づいておきたいたった1つのこと』

『本物の自信を手に入れるシンプルな生き方を教えよう。』


〈ダイヤモンド社〉

『出世の教科書』


〈大和書房〉

『20代のうちに会っておくべき35人のひと』

『30代で頭角を現す69の習慣』

『孤独になれば、道は拓ける。』

『人生を変える時間術』

『やめた人から成功する。』

〈宝島社〉
『死ぬまで悔いのない生き方をする45の言葉』
【共著】『20代でやっておきたい50の習慣』
『結局、仕事は気くばり』
『仕事がつらい時 元気になれる100の言葉』
『本を読んだ人だけがどんな時代も生き抜くことができる』
『本を読んだ人だけがどんな時代も稼ぐことができる』
『1秒で差がつく仕事の心得』
『仕事で「もうダメだ！」と思ったら最後に読む本』

〈ディスカヴァー・トゥエンティワン〉

『転職1年目の仕事術』


〈徳間書店〉

『一度、手に入れたら一生モノの幸運をつかむ50の習慣』

『想いがかなう、話し方』

『君は、奇跡を起こす準備ができているか。』

『非常識な休日が、人生を決める。』


〈永岡書店〉

『就活で君を光らせる84の言葉』


〈ナナ・コーポレート・コミュニケーション〉

『15歳からはじめる成功哲学』


〈日本実業出版社〉

『「あなたから保険に入りたい」とお客様が殺到する保険代理店』

『社長！　この「直言」が聴けますか？』

『こんなコンサルタントが会社をダメにする！』

『20代の勉強力で人生の伸びしろは決まる』

『人生で大切なことは、すべて「書店」で買える。』

『ギリギリまで動けない君の背中を押す言葉』

『あなたが落ちぶれたとき手を差しのべてくれる人は、友人ではない。』


〈日本文芸社〉

『何となく20代を過ごしてしまった人が30代で変わるための100の言葉』


〈ぱる出版〉

『学校で教わらなかった20代の辞書』

『教科書に載っていなかった20代の哲学』

『30代から輝きたい人が、20代で身につけておきたい「大人の流儀」』

『不器用でも愛される「自分ブランド」を磨く50の言葉』

『人生って、それに早く気づいた者勝ちなんだ！』

『挫折を乗り越えた人だけが口癖にする言葉』

『常識を破る勇気が道をひらく』

『読書をお金に換える技術』

『人生って、早く夢中になった者勝ちなんだ！』

『人生を愉快にする！超・ロジカル思考』

『こんな大人になりたい！』

『器の大きい人は、人の見ていない時に真価を発揮する。』


〈PHP研究所〉

『「その他大勢のダメ社員」にならないために20代で知っておきたい100の言葉』

『もう一度会いたくなる人の仕事術』

『好きなことだけして生きていけ』

『お金と人を引き寄せる50の法則』

『人と比べないで生きていけ』

『たった1人との出逢いで人生が変わる人、10000人と出逢っても何も起きない人』

『友だちをつくるな』

『バカなのにできるやつ、賢いのにできないやつ』

『持たないヤツほど、成功する！』

『その他大勢から抜け出し、超一流になるために知っておくべきこと』

『図解「好きなこと」で夢をかなえる』

『仕事力をグーンと伸ばす20代の教科書』


〈藤田聖人〉

『学校は負けに行く場所。』

『偏差値30からの企画塾』


〈マネジメント社〉

『継続的に売れるセールスパーソンの行動特性88』

『存続社長と潰す社長』

『尊敬される保険代理店』


〈三笠書房〉

『「大学時代」自分のために絶対やっておきたいこと』

『人は、恋愛でこそ磨かれる』

『仕事は好かれた分だけ、お金になる。』

『1万人との対話でわかった 人生が変わる100の口ぐせ』

『30歳になるまでに、「いい人」をやめなさい！』


〈リベラル社〉

『人生の9割は出逢いで決まる』

『「すぐやる」力で差をつけろ』

千田琢哉著作リスト

（2017年2月現在）


〈アイバス出版〉

『一生トップで駆け抜けつづけるために20代で身につけたい勉強の技法』

『一生イノベーションを起こしつづけるビジネスパーソンになるために20代で身につけたい読書の技法』

『1日に10冊の本を読み3日で1冊の本を書く ボクのインプット＆アウトプット法』

『お金の9割は意欲とセンスだ』


〈あさ出版〉

『この悲惨な世の中でくじけないために20代で大切にしたい80のこと』

『30代で逆転する人、失速する人』

『君にはもうそんなことをしている時間は残されていない』

『あの人と一緒にいられる時間はもうそんなに長くない』

『印税で1億円稼ぐ』

『年収1,000万円に届く人、届かない人、超える人』

『いつだってマンガが人生の教科書だった』


〈朝日新聞出版〉

『仕事の答えは、すべて「童話」が教えてくれる。』


〈海竜社〉

『本音でシンプルに生きる！』

『誰よりもたくさん挑み、誰よりもたくさん負けろ！』

『一流の人生－人間性は仕事で磨け！』


〈学研プラス〉

『たった2分で凹みから立ち直る本』

『たった2分で、決断できる。』

『たった2分で、やる気を上げる本。』

『たった2分で、道は開ける。』

『たった2分で、自分を変える本。』

『たった2分で、自分を磨く。』

『たった2分で、夢を叶える本。』

『たった2分で、怒りを乗り越える本。』

『たった2分で、自信を手に入れる本。』

『私たちの人生の目的は終わりなき成長である』

『たった2分で、勇気を取り戻す本。』

『今日が、人生最後の日だったら。』

『たった2分で、自分を超える本。』

『現状を破壊するには、「ぬるま湯」を飛び出さなければならない。』

『人生の勝負は、朝で決まる。』

『集中力を磨くと、人生に何が起こるのか？』

『大切なことは、「好き嫌い」で決めろ！』

『20代で身につけるべき「本当の教養」を教えよう。』


〈KADOKAWA〉

『君の眠れる才能を呼び覚ます50の習慣』

『戦う君と読む33の言葉』

〈かんき出版〉
『死ぬまで仕事に困らないために20代で出逢っておきたい100の言葉』
『人生を最高に楽しむために20代で使ってはいけない100の言葉』
DVD『20代につけておかなければいけない力』
『20代で群れから抜け出すために顰蹙を買っても口にしておきたい100の言葉』
『20代の心構えが奇跡を生む【CD付き】』

〈きこ書房〉

『20代で伸びる人、沈む人』

『伸びる30代は、20代の頃より叱られる』

『仕事で悩んでいるあなたへ 経営コンサルタントから50の回答』


〈技術評論社〉

『顧客が倍増する魔法のハガキ術』


〈KKベストセラーズ〉

『20代　仕事に躓いた時に読む本』

『チャンスを掴める人はここが違う』


〈廣済堂出版〉

『はじめて部下ができたときに読む本』

『「今」を変えるためにできること』

『「特別な人」と出逢うために』

『「不自由」からの脱出』

『もし君が、そのことについて悩んでいるのなら』

『その「ひと言」は、言ってはいけない』

『稼ぐ男の身のまわり』

『「振り回されない」ための60の方法』


〈実務教育出版〉

『ヒツジで終わる習慣、ライオンに変わる決断』


〈秀和システム〉

『将来の希望ゼロでもチカラがみなぎってくる63の気づき』


〈新日本保険新聞社〉

『勝つ保険代理店は、ここが違う！』


〈すばる舎〉

『今から、ふたりで「5年後のキミ」について話をしよう。』

『「どうせ変われない」とあなたが思うのは、「ありのままの自分」を受け容れたくないからだ』


〈星海社〉

『「やめること」からはじめなさい』

『「あたりまえ」からはじめなさい』

『「デキるふり」からはじめなさい』


〈青春出版社〉

『どこでも生きていける 100年つづく仕事の習慣』


〈総合法令出版〉

『20代のうちに知っておきたい お金のルール38』

『筋トレをする人は、なぜ、仕事で結果を出せるのか？』

『お金を稼ぐ人は、なぜ、筋トレをしているのか？』

『さあ、最高の旅に出かけよう』

千田《せんだ》 琢哉《たくや》

文筆家。

愛知県犬山市生まれ、岐阜県各務原市育ち。

東北大学教育学部教育学科卒。

日系損害保険会社本部、大手経営コンサルティング会社勤務を経て独立。

コンサルティング会社では多くの業種業界における大型プロジェクトのリーダーとして戦略策定からその実行支援に至るまで陣頭指揮を執る。

のべ 3,300 人のエグゼクティブと 10,000 人を超えるビジネスパーソンたちとの対話によって得た事実とそこで培った知恵を活かし、“タブーへの挑戦で、次代を創る”を自らのミッションとして執筆活動を行っている。

著書は本書で 137 冊目。

●ホームページ：http://www.senda-takuya.com/

どんな問題も解決する すごい質問

2017年2月25日 初版発行

著　者　千田 琢哉

発行者　野村 直克
ブックデザイン　土屋 和泉
発行所　総合法令出版株式会社
〒103-0001
東京都中央区日本橋小伝馬町15-18
ユニゾ小伝馬町ビル9階
電話　03-5623-5121（代）

印刷・製本　中央精版印刷株式会社
 ISBN978-4-86280-541-6
落丁・乱丁本はお取替えいたします。
総合法令出版ホームページ　http://www.horei.com/